T0209057

essentials

essentials liefern aktuelles Wissen in konzentrierter Form. Die Essenz dessen, worauf es als „State-of-the-Art" in der gegenwärtigen Fachdiskussion oder in der Praxis ankommt. *essentials* informieren schnell, unkompliziert und verständlich

- als Einführung in ein aktuelles Thema aus Ihrem Fachgebiet
- als Einstieg in ein für Sie noch unbekanntes Themenfeld
- als Einblick, um zum Thema mitreden zu können

Die Bücher in elektronischer und gedruckter Form bringen das Fachwissen von Springerautor*innen kompakt zur Darstellung. Sie sind besonders für die Nutzung als eBook auf Tablet-PCs, eBook-Readern und Smartphones geeignet. *essentials* sind Wissensbausteine aus den Wirtschafts-, Sozial- und Geisteswissenschaften, aus Technik und Naturwissenschaften sowie aus Medizin, Psychologie und Gesundheitsberufen. Von renommierten Autor*innen aller Springer-Verlagsmarken.

Walther Müller-Jentsch

Tarifautonomie

Über die Ordnung des Arbeitsmarktes durch Tarifverträge

2. Auflage

Walther Müller-Jentsch
Fakultät für Sozialwissenschaft
Ruhr-Universität Bochum
Bochum, Deutschland

ISSN 2197-6708   ISSN 2197-6716 (electronic)
essentials
ISBN 978-3-658-39893-4   ISBN 978-3-658-39894-1 (eBook)
https://doi.org/10.1007/978-3-658-39894-1

Die Deutsche Nationalbibliothek verzeichnet diese Publikation in der Deutschen Nationalbibliografie; detaillierte bibliografische Daten sind im Internet über http://dnb.d-nb.de abrufbar.

Planung/Lektorat: Cori Antonia Mackrodt
Springer VS ist ein Imprint der eingetragenen Gesellschaft Springer Fachmedien Wiesbaden GmbH und ist ein Teil von Springer Nature.
Die Anschrift der Gesellschaft ist: Abraham-Lincoln-Str. 46, 65189 Wiesbaden, Germany

Was Sie in diesem *essential* finden können

- Erläuterungen zur Tarifautonomie als einem Grundrecht der Arbeitnehmer.
- Informationen über die friedensstiftenden und weiteren Funktionen der Tarifautonomie
- sowie über ihren Stellenwert in der Konzeption der Sozialen Marktwirtschaft.
- Einen Abriss der wechselvollen und konfliktreichen Geschichte der Entstehung und Weiterentwicklung der Tarifautonomie zur Sozialpartnerschaft in Deutschland.
- Eine Erörterung der aktuellen Probleme der Tarifautonomie.

Vorbemerkung

Markt – Demokratie – Tarifautonomie

Nicht unplausibel erscheint die Auffassung, dass Markt, Demokratie und Tarifautonomie als die konstitutiven Institutionen des „okzidentalen Kapitalismus"
(Max Weber) anzusehen sind. Stabilisiert durch die Korsettstangen eines ratio-
nalen Rechtssystems, regeln, ermöglichen und ordnen sie die Entscheidungen,
Verhaltensweisen und Interaktionen, die den gesellschaftlichen Zusammenhalt
ausmachen. So steuert der Markt durch Angebot und Nachfrage die wirtschaftlichen Austauschprozesse, führt die Demokratie durch die Mehrheitsregel
politische Entscheidungen herbei und stiftet die Tarifautonomie mit paritätischen
Vereinbarungen, sprich Tarifverträgen, eine geordnete Arbeitswelt.

Über Markt und Demokratie wurden ganze Bibliotheken zusammengeschrie-
ben, die Tarifautonomie fand hingegen nur eine stiefmütterliche Beachtung durch
die *scientific community*. So möge denn die vorliegende Schrift einen kleinen
Beitrag zur Kompensation dieses Ungleichgewichts liefern.

Walther Müller-Jentsch

Inhaltsverzeichnis

Einleitung

Das Kompositum *Tarifautonomie* besteht aus den zwei Wörtern Tarif und Auto-nomie. Tarif – das ist ein festgesetzter Preis für eine Ware oder Leistung; Autonomie – das heißt, dass deren Festsetzung von den damit befassten oder betroffenen Akteuren autonom, ohne Einwirkung des Staates oder anderer Institutionen, bestimmt wird. In der Tat bezeichnet der Begriff Tarifautonomie einen Gestaltungsspielraum, den der Staat als oberster Gesetzgeber den Akteuren des Arbeitsmarktes (Arbeitgeber und Gewerkschaften) zugesteht, um für Beschäftigungsverhältnisse einklagbare Rechtsnormen durchzusetzen und zu vereinbaren. Diese werden damit gleichsam zu „privaten Gesetzgebern".

Jahr für Jahr werden in Deutschland mehrere Tausend Tarifverträge abgeschlossen. Es entspricht dem Charakter des Tarifvertrages als einer „öffentlichen Urkunde" (Sinzheimer 1916, S. 120), dass laut Tarifvertragsgesetz „Abschluss, Änderung und Aufhebung der Tarifverträge" von den Tarifvertragsparteien zwecks Eintragung in das Tarifregister gemeldet werden müssen (§ 6 TVG) und sie für jedermann einsehbar sind.

Laut Tarifregister des Arbeitsministeriums wurden im Jahr 2020 rund 6000 Tarifverträge (2142 Verbands- bzw. Branchentarifverträge und 3791 Firmen- bzw. Haustarifverträge) neu registriert (WSI 2021: Tab. 1.2). Der Firmentarifvertrag war in der deutschen Tariflandschaft bis 1990 eher die Ausnahme, doch seitdem nimmt dessen Zahl besonders in Ostdeutschland zu.

Die Originalversion des Kapitels wurde revidiert. Ein Erratum ist verfügbar unter https://doi.org/10.1007/978-3-658-39894-1_6

© Springer Fachmedien Wiesbaden GmbH, ein Teil von Springer Nature 2022, korrigierte Publikation 2023
W. Müller-Jentsch, *Tarifautonomie*, essentials,
https://doi.org/10.1007/978-3-658-39894-1_1

Neben der Unterscheidung von Branchen- und Firmentarifverträgen werden folgende Arten von Tarifverträgen unterschieden:

- der *Entgelt- oder Vergütungstarifvertrag, der* die Höhe des Arbeitsentgelts der einzelnen Entgeltgruppen oder des Ecklohns regelt;
- der *Entgeltrahmentarifvertrag* (mit unklarer Abgrenzung zum Manteltarifvertrag), der das anzuwendende Lohnsystem mit seinen Lohn- und Gehaltsgruppen regelt, in die die Arbeitnehmer nach ihrer Qualifikation oder ihren Arbeitsinhalten einzuordnen sind;
- der *Manteltarifvertrag* (auch Rahmentarifvertrag), der alle weitergehenden Arbeitsbedingungen regelt wie Arbeitszeiten, Urlaubstage und Kündigungsfristen;
- *Sonstige Tarifverträge,* die besondere Regelungsgegenstände regeln, die keine Aufnahme in anderen Tarifverträgen gefunden haben.

Ausgleich von Ungleichgewichten auf dem Arbeitsmarkt

Als Einzelner steht der Arbeitnehmer auf dem Arbeitsmarkt einer „erdrückend ökonomischen Übermacht des Arbeitgebers" (Küppers 2008, S. 471) gegenüber. Als Quelle kollektiver Lohnfestsetzung kompensieren Tarifverhandlungen die schwächere Position des einzelnen Arbeitnehmers im Verhältnis zum wirtschaftlich stärkeren Arbeitgeber. Die schwächere Position ergibt sich daraus, dass der Arbeitnehmer in der Regel über keine andere Erwerbsquelle als seine Arbeitskraft verfügt und dass das Arbeitsentgelt seine Lebensgrundlage bildet. Der Arbeitgeber hingegen verfügt über Kapital und in der Regel über eine Vielzahl von Arbeitsplätzen. Er kann seine Nachfrage nach Arbeitskräften flexibel anpassen, etwa indem er Einstellungen hinauszögert, Arbeitskräfte durch Maschinen ersetzt, seine Produktionsstätte in andere Regionen und Länder mit für ihn günstigeren Arbeitsmarktbedingungen verlagert. Demgegenüber steht der Arbeitnehmer unter Angebotzwang, er kann mit dem Verkauf seiner Arbeitskraft nicht auf bessere Marktbedingungen warten. Gewissermaßen die Konkurrenz zwischen den Arbeitnehmern aufhebend, verhandeln Gewerkschaften als Repräsentanten eines Kollektivs, das notfalls auch die Arbeit verweigern kann, mit den Unternehmern. Das heißt: Dank des gewerkschaftlichen Zusammenschlusses können die Arbeitnehmer den Angebotzwang ihrer Arbeitskraft lockern. Der Tarifvertrag macht sie tendenziell zu gleichberechtigten Marktteilnehmern.

Koalitionsfreiheit – Tarifautonomie – Streikfreiheit

Gewerkschaften sind kartellähnliche Organisationen. Sie regulieren den Preis für den Produktionsfaktor Arbeit. Das Gesetz gegen Wettbewerbsbeschränkungen, das sogenannte Kartellgesetz, verbietet Preiskartelle. Das gilt jedoch nicht für Gewerkschaften und Arbeitgeberverbände; ihre Existenz und Praxis schützen ein höheres Rechtsgut: die **Koalitionsfreiheit.** Was das Gesetz gegen Wettbewerbsbeschränkungen für die Produkt- und Dienstleistungsmärkte ist, ist das **Tarifvertragsgesetz** für den Arbeitsmarkt.

Grundlegend für die Tarifautonomie in Deutschland ist die im Artikel 9 Absatz 3 Satz 1 des Grundgesetzes garantierte Koalitionsfreiheit:

> „Das Recht, zur Wahrung und Förderung der Arbeits- und Wirtschaftsbedingungen Vereinigungen zu bilden, ist für jedermann und für alle Berufe gewährleistet."[1]

Mit der Koalitionsfreiheit wird auch die Betätigungsfreiheit der Koalition, sprich die eigentliche Tarifautonomie, und mittelbar das Streikrecht garantiert (Däubler 2006, S. 150, 314). Denn ohne ein Druckmittel, die Arbeitgeber verhandlungsbereit zu machen, wären Tarifverhandlungen nichts anderes als „kollektives Betteln" (so das Bundesarbeitsgericht in einer Entscheidung von 1980; vgl. Däubler 2006, S. 314).

Konkret geregelt werden die Tarifverhandlungen durch das nur 13 Paragraphen umfassende Tarifvertragsgesetz (*siehe* Übersicht 1), das bereits 1948 vom Frankfurter Wirtschaftsrat (einer vorläufigen Regierung nach Besatzungsrecht für die Westzonen) verabschiedet worden war, trat am 22. April 1949 in Kraft. Als „vorkonstitutionelles Recht" wurde es von der Bundesrepublik übernommen und blieb seither ohne größere Veränderungen gültig (auf die 2017 erfolgte Einfügung des neuen § 4a zur *Tarifkonkurrenz* wird später eingegangen).

Übersicht 1: Die wichtigsten Bestimmungen des Tarifvertragsgesetzes

§ 1 Inhalt und Form des Tarifvertrags

---

[1] Als rechtliche Kehrseite gilt die „negative Koalitionsfreiheit", der zufolge es einem Arbeitgeber freisteht, ob er Mitglied in einem tarifgebundenen Arbeitgeberverband wird und ob er mit einer Gewerkschaft einen Tarifvertrag abschließt. Analog dazu steht es auch dem Arbeitnehmer frei, ob er einer Gewerkschaft beitritt oder nicht. „Closed shops" sind nach deutschem Arbeitsrecht unzulässig.

(1) Der Tarifvertrag regelt die Rechte und Pflichten der Tarifvertragsparteien und enthält Rechtsnormen, die den Inhalt, den Abschluss und die Beendigung von Arbeitsverhältnissen sowie betriebliche und betriebsverfassungsrechtliche Fragen ordnen können.

(2) Tarifverträge bedürfen der Schriftform.

§ 2 Tarifvertragsparteien

(1) Tarifvertragsparteien sind Gewerkschaften, einzelne Arbeitgeber sowie Vereinigungen von Arbeitgebern.

(2) Zusammenschlüsse von Gewerkschaften und von Vereinigungen von Arbeitgebern (Spitzenorganisationen) können im Namen der ihnen angeschlossenen Verbände Tarifverträge abschließen, wenn sie eine entsprechende Vollmacht haben.

(3) Spitzenorganisationen können selbst Parteien eines Tarifvertrags sein, wenn der Abschluss von Tarifverträgen zu ihren satzungsgemäßen Aufgaben gehört.

(4) In den Fällen der Absätze 2 und 3 haften sowohl die Spitzenorganisationen wie die ihnen angeschlossenen Verbände für die Erfüllung der gegenseitigen Verpflichtungen der Tarifvertragsparteien.

§ 3 Tarifgebundenheit

(1) Tarifgebunden sind die Mitglieder der Tarifvertragsparteien und der Arbeitgeber, der selbst Partei des Tarifvertrags ist.

(2) Rechtsnormen des Tarifvertrags über betriebliche und betriebsverfassungsrechtliche Fragen gelten für alle Betriebe, deren Arbeitgeber tarifgebunden ist.

(3) Die Tarifgebundenheit bleibt bestehen, bis der Tarifvertrag endet.

§ 4 Wirkung der Rechtsnormen

(1) Die Rechtsnormen des Tarifvertrags, die den Inhalt, den Abschluss oder die Beendigung von Arbeitsverhältnissen ordnen, gelten unmittelbar und zwingend zwischen den beiderseits Tarifgebundenen, die unter den Geltungsbereich des Tarifvertrags fallen. Diese Vorschrift gilt entsprechend für Rechtsnormen des Tarifvertrags über betriebliche und betriebsverfassungsrechtliche Fragen.

(2) Sind im Tarifvertrag gemeinsame Einrichtungen der Tarifvertragsparteien vorgesehen und geregelt (Lohnausgleichskassen, Urlaubskassen usw.), so gelten diese Regelungen auch unmittelbar und zwingend für

die Satzung dieser Einrichtung und das Verhältnis der Einrichtung zu den tarifgebundenen Arbeitgebern und Arbeitnehmern.

(3) Abweichende Abmachungen sind nur zulässig, soweit sie durch den Tarifvertrag gestattet sind oder eine Änderung der Regelungen zugunsten des Arbeitnehmers enthalten.

(4) Ein Verzicht auf entstandene tarifliche Rechte ist nur in einem von den Tarifvertragsparteien gebilligten Vergleich zulässig. Die Verwirkung von tariflichen Rechten ist ausgeschlossen. Ausschlussfristen für die Geltendmachung tariflicher Rechte können nur im Tarifvertrag vereinbart werden.

(5) Nach Ablauf des Tarifvertrags gelten seine Rechtsnormen weiter, bis sie durch eine andere Abmachung ersetzt werden.

§ 5 Allgemeinverbindlichkeit

(1) Das Bundesministerium für Arbeit und Soziales kann einen Tarifvertrag im Einvernehmen mit einem aus je drei Vertretern der Spitzenorganisationen der Arbeitgeber und der Arbeitnehmer bestehenden Ausschuss (Tarifausschuss) auf gemeinsamen Antrag der Tarifvertragsparteien für allgemeinverbindlich erklären, wenn die Allgemeinverbindlicherklärung im öffentlichen Interesse geboten erscheint. Die Allgemeinverbindlicherklärung erscheint in der Regel im öffentlichen Interesse geboten, wenn

1. der Tarifvertrag in seinem Geltungsbereich für die Gestaltung der Arbeitsbedingungen überwiegende Bedeutung erlangt hat oder

2. die Absicherung der Wirksamkeit der tarifvertraglichen Normsetzung gegen die Folgen wirtschaftlicher Fehlentwicklung eine Allgemeinverbindlicherklärung verlangt [...]

§ 6 Tarifregister

Bei dem Bundesministerium für Arbeit und Soziales wird ein Tarifregister geführt, in das der Abschluß, die Änderung und die Aufhebung der Tarifverträge sowie der Beginn und die Beendigung der Allgemeinverbindlichkeit eingetragen werden.

§ 8 Bekanntgabe des Tarifvertrags

Der Arbeitgeber ist verpflichtet, die im Betrieb anwendbaren Tarifverträge sowie rechtskräftige Beschlüsse nach § 99 des Arbeitsgerichtsgesetzes über den nach § 4a Absatz 2 Satz 2 anwendbaren Tarifvertrag im Betrieb bekanntzumachen.

Mit dem Tarifvertragsgesetz werden Rechte und Pflichten der Tarifvertragsparteien spezifiziert. Dem Gesetz zufolge setzt ein rechtswirksamer Tarifvertrag voraus, dass er auf Arbeitnehmer- wie auf Arbeitgeberseite von einer tariffähigen Partei abgeschlossen und in Schriftform niedergelegt wird. Auf Arbeitnehmerseite sind nur Gewerkschaften, auf Arbeitgeberseite ist auch der einzelne Unternehmer tariffähig. Dass auch der einzelne Arbeitgeber als Tarifpartei auftreten kann, trägt der Tatsache Rechnung, dass ein Unternehmer in der Regel über mehrere Arbeitsplätze verfügt und damit – schon als einzelner – gewissermaßen eine „Koalition" darstellt, die dem Arbeitnehmer als wirtschaftliche Macht gegenübertritt.

Nach § 1 Absatz 1 regelt der Tarifvertrag die „Rechte und Pflichten der Tarifvertragsparteien und enthält Rechtsnormen, die den Inhalt, den Abschluss und die Beendigung von Arbeitsverhältnissen, sowie betriebliche und betriebsverfassungsrechtliche Fragen ordnen können". Damit werden zwei verschiedenartige Regelungen benannt: zum einen Abmachungen, die nur die beiden Tarifvertragsparteien berechtigen und verpflichten (schuldrechtlicher Teil des Tarifvertrags); zum anderen Rechtsnormen, die nach Art eines Gesetzes für alle erfassten Arbeitsverhältnisse gelten sollen (normativer Teil des Tarifvertrags). Letztere gelten „unmittelbar und zwingend" (§ 4 Abs. 1) für die Mitglieder der Tarifvertragsparteien. Rechtlich gesehen ist ein tarifgebundener Arbeitgeber nur verpflichtet, die Mitglieder der tarifgebundenen Gewerkschaft zu den vereinbarten Bedingungen zu beschäftigen; in der Regel gewährt er indessen auch den Nichtmitgliedern die gleichen Bedingungen, da er sie durch eine Schlechterstellung zum Eintritt in die Gewerkschaft motivieren würde.

Allgemeinverbindlichkeit und Mindestlohn

Eine Besonderheit stellt das Verfahren der Allgemeinverbindlicherklärung (AVE) dar. In ihm greifen Verhandlungsautonomie und gesetzliche Normierung ineinander. Nach § 5 des Tarifvertragsgesetzes kann das Bundesministerium für Arbeit und Soziales

> „einen Tarifvertrag im Einvernehmen mit einem aus je drei Vertretern der Spitzenorganisationen der Arbeitgeber und der Arbeitnehmer (Tarifausschuss) auf gemeinsamen Antrag der Tarifvertragsparteien für allgemeingültig erklären, wenn die Allgemeinverbindlicherklärung im öffentlichen Interesse für geboten erscheint."

Des Weiteren kann der Staat bei seiner Auftragsvergabe die Unternehmen zur Einhaltung der branchenüblichen Tarifnormen („Tariftreue") verpflichten. Der Koalitionsvertrag der Ampel-Regierung sieht die Verabschiedung eines bundesweiten Tariftreuegesetzes vor.

Aus dem Regelsystem der Tarifautonomie fällt der gesetzliche Mindestlohn heraus. Er verweist auf eine Lücke im Tarifvertragssystem, die der Staat ausfüllt. Es gibt wirtschaftliche Bereiche, in denen die Gewerkschaften nicht oder zu schwach vertreten sind, um die Unternehmen zu tarifvertraglichen Vereinbarungen über Entgelte zu zwingen. Der Staat kann hier Verfahren institutionalisieren, die das Tarifvertragssystem ergänzen. Nachdem die meisten Länder der Europäischen Union bereits gesetzliche Mondeslöhne eingeführt hatten, hat 2015 auch Deutschland den gesetzlichen Mindestlohn von 8,50 € je Stunde eingeführt. Eine ständige Kommission der Tarifpartner (Mindestlohnkommission), bestehend aus einem Vorsitzenden, je drei stimmberechtigten ständigen Mitgliedern der Arbeitnehmer- und der Arbeitgeberseite, sowie zwei Mitgliedern aus Kreisen der Wissenschaft ohne Stimmrecht (beratende Mitglieder), entscheidet turnusmäßig über die Anpassung des Mindestlohns. Bei der im Oktober 2022 erfolgten Anhebung des Mindestlohns auf 12 € je Stunde wurde der Mechanismus der Mindestlohnfindung einmalig außer Kraft gesetzt, da die Mindestlohnkommission in diesem Fall nicht beteiligt wurde.

Schlichtung und Arbeitskampf

Das Tarifvertragsgesetz regelt die Tariffähigkeit und Tarifzuständigkeit der Parteien, die Form des Tarifvertrags und seine Rechtswirkungen. Die eigentlichen Tarifverhandlungen werden durch dieses Gesetz nicht geregelt; diese folgen eingespielten Übungen und freiwilligen Übereinkünften zwischen den Tarifvertragsparteien.

So haben Arbeitgeberverbände und Gewerkschaften freiwillige Schlichtungsvereinbarungen abgeschlossen. Schlichtungsverfahren stellen „prozedurale Selbstbindungen" dar, die eine Erhöhung der Streikschwelle durch Ausschöpfung aller Verhandlungsmöglichkeiten erreichen sollen (Keller 1985, S. 122). Die Schlichtung ist quasi eine Fortführung der Verhandlungen mit anderen Mitteln, meist unter maßgeblicher Beteiligung von bisher am Konflikt „unbeteiligten Dritten". Von der Schlichtungskommission erarbeitete (mehrheitliche) Einigungsvorschläge sind für die Tarifparteien nicht automatisch bindend; diese stimmen in der Regel gesondert über Annahme oder Ablehnung des Schlichtungsspruchs ab.

Bleibt die Schlichtung erfolglos, kommt es in der Regel zum Arbeitskampf. Streiks und Aussperrungen sind durch rechtliche Normen geregelt, die nicht vom Gesetzgeber erlassen wurden, sondern vom Bundesarbeitsgericht; man spricht daher auch von „Richterrecht".

Legal ist demnach nur ein gewerkschaftlich geführter Streik um ein tarifvertraglich regelbares Ziel (Lohn- und Arbeitsbedingungen), der nach Ablauf der tariflichen Friedenspflicht und Ausschöpfung aller Verhandlungsmöglichkeiten (*ultima ratio*-Prinzip), nach dem Grundsatz der Verhältnismäßigkeit (Übermaßverbot) und den Regeln eines fairen Kampfes zu führen ist. Rechtmäßig sind ferner von der Gewerkschaft getragene Warnstreiks im Rahmen einer Tarifrunde. Sympathiestreiks waren in ihrer Rechtmäßigkeit lange umstritten, sind aber nach neuerer Rechtsprechung für zulässig erklärt worden. Eindeutig verboten ist der politische Streik. Ein Streikrecht für Beamte wird von der herrschenden Meinung, unter Bezug auf die Treuepflicht des Beamten, verneint. Verfassungsbeschwerden gegen das Streikverbot für Beamte hat das Bundesverfassungsgericht mit dem Urteil von 12. Juli 2018 zurückgewiesen.[2]

Ungeachtet des Aussperrungsverbots in einigen Länderverfassungen, ist auch das unternehmerische Kampfmittel der Aussperrung rechtlich zulässig. Freilich gelten für Aussperrungen die gleichen Einschränkungen – insbesondere das Gebot der Verhältnismäßigkeit der Mittel – wie für den Streik. Demzufolge können die Arbeitgeberverbände auf gewerkschaftliche Schwerpunktstreiks nicht mit beliebigen Flächenaussperrungen antworten; ihre Kampfmaßnahmen müssen in der Größenordnung den gewerkschaftlichen Streikaktionen vergleichbar bleiben.

Betriebsrat als subsidiärer Tarifakteur; Flexibilisierung der Tarifpolitik

Neben der Mitbestimmung durch Gewerkschaften haben die Arbeitnehmer eine zweite Vertretungsinstitution, den Betriebsrat. Er vertritt ihre betrieblichen Interessen und wacht unter anderem über die Einhaltung der Tarifverträge.

Das Betriebsverfassungsgesetz enthält in § 77 Abs. 3 die Vorschrift:

> „Arbeitsentgelte und sonstige Arbeitsbedingungen, die durch Tarifvertrag geregelt oder üblicherweise geregelt werden, können nicht Gegenstand einer Betriebsvereinbarung sein. Dies gilt nicht, wenn ein Tarifvertrag den Abschluss ergänzender Betriebsvereinbarungen ausdrücklich zulässt."

---

[2] Bundesverfassungsgericht: „Streikverbot für Beamte verfassungsgemäß" (Pressemitteilung Nr. 46/2018 vom 12. Juni 2018).

Dieser Passus kodifiziert den sogenannten „Tarifvorrang". Das heißt: dem Betriebsrat ist die Regelung von Arbeitsentgelten und sonstigen Arbeitsbedingungen, die üblicherweise durch Tarifvertrag geregelt werden, untersagt – es sei denn eine sogenannte „Öffnungsklausel" im Tarifvertrag erlaubt es ihm. Seit den 1980er Jahren haben Gewerkschaften und Arbeitgeberverbänden in zunehmendem Maße mit solchen Klauseln ihre Tarifverträge für ergänzende Vereinbarungen zwischen Management und Betriebsräten geöffnet. Mit dem Tarifvertrag über den Einstieg in die 35 Stunden-Woche 1984 in der Metallindustrie wurde erstmals die Arbeitszeit dergestalt flexibilisiert, dass ein Teil der Beschäftigten weiterhin 40 Stunden arbeiten durften. Später wurde die Flexibilisierung für zahlreiche andere, auch entgeltbezogene Materien flexibilisiert. Dadurch übernimmt der Betriebsrat die Rolle eines subsidiären Tarifakteurs. Experten sprechen auch von einer „Verbetrieblichung der Tarifpolitik". Diese Praxis hat sich als sinnvolle Ergänzung erwiesen, weil durch sie allgemeine Tarifvertragsbestimmungen den betrieblichen Gegebenheiten flexibel angepasst werden können. Insbesondere Firmen, die sich in wirtschaftlichen Schwierigkeiten befinden, nutzen diese Möglichkeit, um zeitweise die tariflichen Standards zu unterschreiten.

Im richtungsweisenden „Pforzheimer Abkommen" von 2004 haben die für die Metallindustrie zuständigen Arbeitnehmer- und Arbeitgeberorganisationen (IG Metall und Gesamtmetall) eine qualitativ neue Grundlage für die Verbetrieblichung der Tarifpolitik geschaffen. Das Abkommen postuliert als Ziel: „am Standort Deutschland bestehende Arbeitsplätze zu sichern und neue Arbeitsplätze zu schaffen" durch „Verbesserung der Wettbewerbsfähigkeit, der Innovationsfähigkeit und der Investitionsbedingungen". Die Tarifvertragsparteien verpflichten sich, „den Rahmen für mehr Beschäftigung in Deutschland zu gestalten", lassen dabei aber den Betriebsparteien – Management und Betriebsrat – den Vortritt. Diese sollen prüfen, ob die Maßnahmen im Rahmen der geltenden Tarifverträge ausgeschöpft sind, um Beschäftigung zu sichern und zu fördern. Im Abkommen heißt es:

„Ist es unter Abwägung der sozialen und wirtschaftlichen Folgen erforderlich, durch abweichende Tarifregelung eine nachhaltige Verbesserung der Beschäftigungsentwicklung zu sichern, so werden die Tarifvertragsparteien nach gemeinsamer Prüfung mit den Betriebsparteien ergänzende Tarifregelungen (betriebliche Ergänzungstarifverträge) vereinbaren oder es wird einvernehmlich befristet von tariflichen Mindeststandards abgewichen".

Nach der Intention der IG Metall soll das Pforzheimer Abkommen die vorher häufig lokal und unkontrolliert verlaufende Abweichungspraxis, den „Wildwuchs", beenden, indem es das Anwendungsfeld für betriebliche Abweichungen breit definiert: „z. B. Kürzung von Sonderzahlungen, Stundung von Ansprüchen, Erhöhung oder Absenkung der Arbeitszeit mit oder ohne vollen Lohnausgleich". Nach einer Bestandsaufnahme des Vorstands der IG Metall aus dem Jahr 2014 gab es in 49 % der verbandsgebundenen Betriebe abweichende oder ergänzende Regelungen zum gültigen Verbandstarifvertrag. Dieser Tatbestand traf für rund 60 % der Beschäftigten und 65 % der Mitglieder in verbandsgebundenen Betrieben zu (IG Metall 2014). Die Abweichungen betreffen in der Mehrzahl die Arbeitszeit, das Entgelt sowie das Weihnachts- und Urlaubsgeld (ebd.). Auf die Erfahrungen der ersten Jahre Bezug nehmend, äußerte sich der damalige Präsident von Gesamtmetall, Martin Kannegießer, positiv über den Flächentarifvertrag als ein „Modell für die Zukunft" (Süddeutsche Zeitung vom 20.11.2006, S. 21).

Auch in anderen Wirtschaftszweigen fand in den letzten Jahren eine Dezentralisierung und Flexibilisierung der Tarifpolitik statt. Wie der langjährige Leiter des Tarifarchivs in der Hans-Böckler-Stiftung konstatierte, bieten die deutschen Tarifverträge „ein reichhaltiges Instrumentarium zur Dauer, Lage und Verteilung der betrieblichen Arbeitszeit an die produktionstechnischen, saisonalen und konjunkturellen Erfordernisse an, das europaweit seinesgleichen sucht" (Bispinck 2006: 53).

Angleichung des beruflichen Status von Arbeitern und Angestellten

Wie sehr Tarifverträge den Arbeitsmarkt strukturieren, dokumentiert eine Reihe innovativer Tarifverträge. Zu ihnen zählen jene, die die traditionelle Spaltung der Arbeitnehmerschaft in die Berufsgruppen der Arbeiter und Angestellte beseitigten. Ein erster Schritt zur Überwindung dieser Kluft gelang der IG Metall bereits 1957 nach einem wochenlangen Arbeitskampf mit dem Abschluss eines Tarifvertrags über die Lohnfortzahlung im Krankheitsfall. Damit wurde den gewerblichen Arbeiternehmern, wie schon seit längerem den Angestellten, eine 6-wöchige volle Lohnzahlung bei Krankheit zugestanden – eine tarifvertragliche Regelung, die später gesetzlich vorgeschrieben wurde. Weitere Schritte zur Angleichung des beruflichen Status stellten die Entgelttarifverträge für die chemische Industrie (1989) und die Metallindustrie (2002) dar. Mit ihnen vereinbarten die Tarifparteien für alle Arbeitnehmergruppen einheitliche Entgeltsysteme.

Qualifizierung und Weiterbildung

Eine weitere Klasse innovativer Tarifverträge sind solche, in denen mit dem Wandel der Technik zu Informations- und Kommunikations-Technologien und der Zunahme wissensbasierter Arbeitsprozesse Fragen der Qualifizierung und Weiterbildung zum Regelungsgegenstand gemacht wurden.

Ein früher Tarifvertrag zur Weiterbildung, war der Lohn- und Gehaltsrahmentarifvertrag I, 1988 von den Tarifvertragsparteien für die Metallindustrie Baden-Württembergs abgeschlossen. Im Wesentlichen enthielt der Tarifvertrag Regelungen zur Arbeitsbewertung und Eingruppierung für Arbeiter und Angestellte; darüber hinaus Regelungen zur Qualifizierung der Arbeitnehmer. Der allgemeinen Zielsetzung nach, sollte der Tarifvertrag „dazu beitragen, einen vielseitigen Arbeitseinsatz zu ermöglichen sowie den Erhalt und die Erweiterung der Qualifikation der Beschäftigten zu fördern". Der von den gleichen Tarifparteien 2001 abgeschlossene „Tarifvertrag zur Qualifizierung" räumt jedem Beschäftigten einen individuellen Anspruch auf ein Qualifizierungsgespräch mindestens einmal im Jahr ein. Die betriebliche Weiterbildung ist breiter definiert als in der Vorgängervereinbarung; so wird zwischen Anpassungs-, Entwicklungs- und Erhaltungsqualifizierung differenziert. Ein Novum stellt die von den Tarifparteien gemeinsam getragene und finanzierte Agentur zur Förderung der betrieblichen Weiterbildung dar, welche die Betriebe beraten und unterstützen, Modellvorhaben entwickeln und bei Konflikten schlichten soll (Bahnmüller und Fischbach 2004).

Vergleichbare Qualifizierungstarifverträge wurden bundesweit für die chemische Industrie (2003), die Metall- und Elektroindustrie (2005/2006), im Öffentlichen Dienst (2005/2006), im Versicherungsgewerbe (2008), in der Schmuckwarenindustrie sowie im Landmaschinenbau vereinbart (2011) (Lenz und Voß 2009; Bahnmüller 2015b).

In den späten 1990er Jahren haben auch eine Reihe von Firmen (AOK, debis, Deutsche Bahn, Deutsche Telekom, DITEC, SINITEC) mit der zuständigen Gewerkschaft Haustarifverträge über betriebliche Weiterbildung und Qualifizierung abgeschlossen.

Aus der bisherigen Praxis von Tarifvereinbarungen zur beruflichen Weiterbildung ein Resümee zu ziehen, fällt nicht leicht. Überbetriebliche Tarifverträge können allenfalls Rahmenbedingungen festlegen, deren konkrete Umsetzung durch die Betriebsparteien erfolgen muss.

Beschäftigungs- und Standortsicherung

Ein Instrument gegen Massenarbeitslosigkeit sind die Tarifverträge zur Beschäftigungssicherung, die eine Form des „concession bargaining" darstellen (Rosdücher 1997). Durch sie werden die Betriebsparteien autorisiert, Vereinbarungen abzuschießen über die Reduzierung der tariflichen Wochenarbeitszeit *ohne* Lohnausgleich, sofern dadurch bedrohte Arbeitsplätze gesichert werden. Mit den in den erstmals in den 1990er Jahren in einer Phase hoher Arbeitslosigkeit abgeschlossenen Tarifverträgen haben die Gewerkschaften einen neuen Weg in der Beschäftigungs- und Arbeitszeitpolitik beschritten. Sie bilden nicht nur eine Alternative zu betriebsbedingten Kündigungen, sondern auch zu drohenden Verlagerungen von Standorten. Das bereits erwähnte „Pforzheimer Abkommen" hat u. a. zum Ziel, bestehenden Arbeitsplätze „am Standort Deutschland" zu sichern.

Exemplarische Tarifverträge

Neben den meist jährlich verhandelten Lohn- und Gehaltstarifverträgen haben die Gewerkschaften mit einer Reihe von Tarifverträgen entscheidende Wegmarken zur Regulierung und Strukturierung des Arbeitsmarktes gesetzt. In der Übersicht 2 sind knapp zwei Dutzend solcher Tarifverträge aufgeführt. Sie regeln recht unterschiedliche Materien (Arbeitszeit, Arbeitsbedingungen, einheitliche Entgeltsysteme, Rationalisierungsschutz, Teilzeit- und Leiharbeit, Weiterqualifizierung etc.). Viele dieser Tarifverträge sind als Pioniere von Regelungen zu betrachten, die in den übrigen Wirtschaftszweigen sukzessive zur Geltung kamen (dies gilt beispielsweise für die 5-Tage- und 40-Stundenwoche, für die sechswöchige Urlaubsdauer, die Lohnfortzahlung im Krankheitsfall). Andere Regelungen sind branchenspezifische (etwa für das Druckgewerbe, die chemische Industrie und den Einzelhandel) oder gar unternehmensspezifische Innovationen (wie für die Volkswagen AG). Nicht selten wurden diese Regelungen erst in Arbeitskämpfen durchgesetzt, wobei die IG Metall und ihr Tarifgebiet Baden-Württemberg mehrfach die Pionierrolle übernahm.

> **Übersicht 2: Exemplarische Tarifverträge**
> **1957:** Tarifvertrag über Lohnfortzahlung im Krankheitsfall nach 16-wöchigem Streik in der schleswig-holsteinischen Metallindustrie: mit ihm

wurden Arbeiter mit den Angestellten gleichgestellt; später im Lohnfortzahlungsgesetz von 1969 festgeschrieben.

1959: Tarifvertrag über Einführung der 5-Tage-Woche im Steinkohlenbergbau.

1962: Manteltarifvertrag für die bayerische Metallindustrie: Abschaffung der reinen Frauenlohngruppen.

1963: Erster Tarifvertrag über Urlaubsgeld in der holzverarbeitenden Industrie.

1965: Tarifvertragliche 40 Stunden-Woche in der Druckindustrie.

1966: Tarifvertrag über Vermögensbildung in Arbeitnehmerhand in der Bauindustrie.

1967: Tarifvertragliche 40 Stunden-Woche in der Metallindustrie.

1968/69: Erste Rationalisierungsschutzabkommen für die Druck-, Metall- und Chemieindustrie.

1973: Lohnrahmen-Tarifvertrag II in der baden-württembergischen Metallindustrie nach neuntägigem Streik, der als Humanisierungstarifvertrag in die Tarifgeschichte einging: u. a. obligatorische Pause von fünf Minuten je Arbeitsstunde bei Leistungslöhnern und Festlegung von Mindesttaktzeiten am Fließband.

1978: Absicherungstarifvertrag in der baden-württembergischen Metallindustrie nach dreiwöchigem Arbeitskampf (Streik und Aussperrung): Schutz gegen rationalisierungsbedingte Lohnabgruppierung.

1979: Tarifvertrag über die Einführung und Anwendung rechnergesteuerter Textsysteme in der Druckindustrie nach dreiwöchigem Arbeitskampf (Streik und Aussperrung).

1984: Manteltarifvertrag für die Eisen- und Stahlindustrie nach sechswöchigem Arbeitskampf (Streik und Aussperrung): Jahresurlaub von sechs Wochen, die sukzessive zum Standard der meisten Industriezweige wurden.

1987: Tarifvertrag über Einstieg in die 35 Stunden-Woche in der Metallindustrie nach siebenwöchigem Arbeitskampf (Streik und Aussperrung).

1988: Lohn- und Gehaltsrahmentarifvertrag I für die Metallindustrie Baden-Württembergs: erster Tarifvertag mit detaillierten Qualifizierungsregelungen.

1989: Bundesentgelt-Tarifvertrag für die chemische Industrie: einheitliches Entgeltsystem für Arbeiter und Angestellte.

1993: Tarifvertrag zur Sicherung der Standorte und der Beschäftigten bei der VW AG: Einführung der 4-Tage-Woche zwecks Vermeidung von Kündigungen.

1994: Tarifvertrag für den Einzelhandel: Gleichstellung von Vollzeit- und Teilzeitbeschäftigten.

2001: Tarifvertrag zur Qualifizierung in der Metallindustrie Baden-Württembergs: Weiterbildungsmaßnehmen im Betrieb.

2001: Tarifvertrag über das VW-Modellprojekt „Auto 5000": VW will für die eigens gegründete Auto 5000 GmbH in Wolfsburg 5000 Arbeitslose einstellen, deren Lohnniveau unterhalb des Haustarifvertrags für das VW-Stammwerk liegt.

2002: Entgeltrahmenabkommen (ERA) in der Metallindustrie Baden-Württembergs: einheitliches Entgeltsystem für Arbeiter und Angestellte.

2003: Erster Tarifvertrag der DGB-Tarifgemeinschaft über Leiharbeit.

2004: „Pforzheimer Abkommen" zwischen IG Metall und Gesamtmetall über ein breites Anwendungsfeld betrieblicher Abweichungen von Flächentarifverträgen.

2008: Tarifvertrag „Lebensarbeitszeit und Demografie" für die chemische Industrie: u. a. nachhaltige und vorausschauende Personalpolitik, alters- und leistungsgerechte Arbeitsbedingungen, flexibler Übergang in den Ruhestand.

2016: Tarifvertrag für die Beschäftigten der Deutschen Bahn: Wahlmöglichkeit zwischen Lohnerhöhung (2,6 %) und zusätzlichem Urlaub (6 freie Tage).

2018: Tarifvertrag in der Metallindustrie: Individueller Anspruch auf Arbeitszeitverkürzung auf bis zu 28 Wochenarbeitsstunden ohne Lohnausgleich sowie Wahloption auf acht freie Tage bei Kinderbetreuung, Pflege und Schichtarbeit.

Tarifautonomie – eine friedensstiftende demokratische Institution (Funktionen)

Paritätisches Verfahren privater Gesetzgeber

Die Tarifautonomie hat sich zu einer komplementären Institution des Arbeitsmarktes entwickelt und ist heute in allen demokratischen Ländern mit einer marktwirtschaftlichen Wirtschaftsordnung gesetzlich garantiert. Sie ist in ihrer Bedeutung durchaus dem *allgemeinen Wahlrecht vergleichbar.*

„Als formalen Partizipationsmechanismen sind dem allgemeinen Wahlrecht und der Tarifautonomie gemeinsam, dass sie – mittelbar über Parteien und Gewerkschaften – auch den sozial Schwächeren Beteiligungsrechte einräumen, das eine Mal für den politischen, das andere Mal für den wirtschaftlichen Bereich" (Müller-Jentsch 1997, S. 202).

Tarifautonomie beinhaltet ein paritätisches Verfahren, durch das Entgelt und Arbeitsbedingungen abhängig Beschäftigter verbindlich (in der Regel: einklagbar) festgelegt werden. Dadurch werden die Arbeitnehmer – vermittels ihrer Vertreter – an der Festsetzung ihrer Entlohnung, Arbeitszeit und anderer Arbeitsbedingungen gleichberechtigt mit den Arbeitgebern beteiligt. In einem Grundsatzurteil vom 24.05.1977 bekräftigte das Bundesverfassungsgericht:

„Art. 9 Abs. 3 GG gewährleistet eine Ordnung des Arbeitslebens und Wirtschaftslebens, bei der der Staat seine Zuständigkeit zur Rechtsetzung weit zurückgenommen und die Bestimmung über die regelungsbedürftigen Einzelheiten des Arbeitsvertrags grundsätzlich den Koalitionen überlassen hat […]. Den frei gebildeten Koalitionen

---

Die Originalversion des Kapitels wurde revidiert. Ein Erratum ist verfügbar unter
https://doi.org/10.1007/978-3-658-39894-1_6

© Springer Fachmedien Wiesbaden GmbH, ein Teil von Springer Nature 2022,
korrigierte Publikation 2023
W. Müller-Jentsch, *Tarifautonomie*, essentials,
https://doi.org/10.1007/978-3-658-39894-1_2

ist durch Art. 9 Abs. 3 GG die im öffentlichen Interesse liegende Aufgabe zugewiesen und in einem Kernbereich garantiert, insbesondere Löhne und sonstige materielle Arbeitsbedingungen in einem von staatlicher Rechtsetzung frei gelassenen Raum in eigener Verantwortung und im wesentlichen ohne staatliche Einflussnahme durch unabdingbare Gesamtvereinbarungen sinnvoll zu ordnen […]."[1]

Der deutsche Arbeitsrechtler Hugo Sinzheimer (1875–1945) gilt als der Vater der Tarifautonomie. Für ihn liegt die „Autonomie des Tarifvertrags" darin, dass er nicht nur – wie jeder Vertrag – ein Rechtsverhältnis begründet, sondern zur autonomen Rechtsquelle wird. „Der Tarifvertrag strebt von dem Boden freier Willenseinigung nach normativer Geltung seiner Bestimmung. Er ist der typische Fall des Gruppenvertrags" (Sinzheimer 1916, S. 50). Dabei unterscheidet Sinzheimer zwischen Vertrags*parteien*, den „Schöpfern und Verwaltern des Tarifvertrags" (ebd., S. 51) und Vertrags*mitgliedern,* die seinen Bestimmungen unterworfen sind, „ohne doch am Abschluss des Tarifvertrags beteiligt […] zu sein" (ebd.). Als Vertragsparteien sind – zumindest auf Arbeiternehmerseite – Organisationen erforderlich. Allein die „Berufsvereine" der Arbeiter (gemeint sind Gewerkschaften) „gewährleisten die Einheit der rechtlichen Aktion, ohne die weder Abschluss noch die Durchführung des Tarifvertrags möglich ist" (ebd., S. 51). Sinzheimer begründet die zwingende Notwendigkeit von Gewerkschaften mit folgenden Argumenten:

> „Würden wir statt ihrer oder neben ihnen die einzelnen Arbeiter als Vertragspartner zulassen, so zerfiele der Tarifvertrag in ein Gewirr von Rechtsbeziehungen. Eine Geschlossenheit des Rechtsgebildes bestünde nicht. Jeder einzelne könnte mit Maßnahmen zur Wahrnehmung seiner individuellen Interessen durchkreuzen, was ein soziales Interesse zusammengefügt hat. Darum müssen auf Arbeiterseite alle individuellen Beziehungen zugunsten der Berufsvereine gelöscht werden" (ebd., S. 51 f.).

Wenn Sinzheimer als Grundabsicht eines jeden Tarifvertrags „die Herstellung einer Gemeinschaft des Arbeitsrechts und des Arbeitsfriedens" (ebd., S. 39) identifiziert, so betont er doch gleichzeitig, dass ohne Kampfwillen und Kampffähigkeit aufseiten der Arbeiter schwerlich ein Tariferfolg zu erzielen sei (ebd., S. 57). Daher seien nur bestimmte Organisationen des Berufsvereinswesens geeignet, als Tarifvertragspartei aufzutreten. Im Einzelnen hält Sinzheimer allein solche gewerkschaftlich organisierten Berufsvereine für geeignet, die nur Arbeiter oder Angestellte aufnehmen (also Arbeitgeber ausschließen) und die willens und imstande sind, wirtschaftliche Kämpfe zu führen (womit wirtschaftsfriedliche Verbände ausgeschlossen werden) (ebd., S. 55 ff.).

---

[1] BVerfG, Beschluss vom 24.05.1977–2 BvL 11/74.

Der autonome Normensetzungsprozess durch Organisationen, die für Sinzheimer als „private Gesetzgeber" fungieren, ist zugleich ein Prozess der Normendurchsetzung oder – in der Formulierung Sinzheimers – der „Selbstexekution" vermittels sozialer Sanktionen, die die Unterordnung des Einzelwillen unter den Gruppenwillen herbeiführen. Gleichsam „zwischen Einzelvertrag und Gesetz" (Sinzheimer 1976, Bd. 1, S. 57) hat sich der Tarifvertrag geschoben und eine „rechtliche Dezentralisierung der staatlichen Gesetzgebung" (ebd., S. 168) bewirkt. Mit anderen Worten, der Staat wird von Regelungs- und Normensetzungsfunktionen im Arbeitsverhältnis durch einen Mechanismus entlastet, der wesentlich flexibler auf die jeweiligen Bedingungen und ihre Änderungen reagieren kann.

Da der moderne Staat über das Rechtsetzungsmonopol verfügt, beruhen jene Freiräume, die den Organisationen und Gruppen zur autonomen Regelung gewährt werden, auf staatlicher Verleihung, bleiben also dem staatlichen Gestaltungswillen unterworfen (Weitbrecht 1969, S. 29 ff.). Dieser richtet sich in der Regel jedoch nur auf die formellen und prozeduralen Aspekte des Verkehrs zwischen den Tarifparteien, nicht aber auf die inhaltlichen Fragen von Tarifverträgen. Sinzheimer lehnt „jede gesetzliche Einschnürung der Tarifverträge" strikt ab. Den *Inhalt* des Tarifvertrages wollte er allein durch die Generalformel, dass er „weder gegen die guten Sitten noch gegen ein gesetzliches Verbot verstoßen darf" (ebd., S. 121), eingeschränkt sehen.

Praktiziert wurde die Tarifautonomie von den Koalitionen, besonders in der Druckindustrie, freilich schon bevor sie in der Tarifvertragsverordnung (TVVO) von 1918 ihre erste gesetzliche Kodifizierung gefunden hatte. Seither galt sie als „eine vom Staat abgeleitete Gestaltungsbefugnis zur Ordnung des Arbeitslebens" (so die von Hugo Sinzheimer begründete und vom Bundesarbeitsgericht früher vertretene Delegationstheorie).

Nach heutiger überwiegend vertretener Rechtsauffassung wird sie als „kollektiv ausgeübte Privatautonomie" verstanden, die „von unten" durch die Mitglieder der Koalitionen und nicht „von oben" durch staatliche Delegation begründet wird. Dieser Lesart zufolge „'gewährt' [Art. 9 Abs. 3 GG] den Koalitionen nicht die Tarifautonomie, sondern ‚gewährleistet' diese. Aus der Koalitionsfreiheit folgt ein Schutz der Koalitionen und ihrer Mitglieder gegen staatliche Eingriffe in die Tarifautonomie sowie – in Sinne einer Institutsgarantie – eine staatliche Pflicht, den Bestand der Koalitionen sowie ein gesetzlich geregeltes und geschütztes Tarifvertragssystem zu gewährleisten" (Höpfner et al. 2021, S. 178).

Funktionen der Tarifautonomie

Die für das Gemeinwesen wichtigste Leistung der Tarifautonomie liegt in ihrer *friedensstiftenden Funktion,* die sie durch Kompromissbildung zwischen und Konfliktlösung von gegensätzlichen Interessen erzielt. Jürgen Habermas erkennt in der „rechtlichen Institutionalisierung des Tarifkonflikts" eine „sozialstaatliche Pazifizierung des Klassenkonflikts" (Habermas 1981, Bd. 2, S. 510). Kaum weniger wichtig ist ihre *demokratische Integrationsfunktion.* Indem sie wesentlich dazu beitrug, dass die große Mehrheit der Bevölkerung aus ihrer proletarischen Lohnabhängigkeit heraus zu einem sozialen Bürgerschaftsstatus gelangen konnte (instruktiv dazu Marshall 1992), ist ihr auch deren Integration in die zivile demokratische Gesellschaft zu danken.

Im Einzelnen erfüllt die Tarifautonomie eine Reihe von weiteren essentiellen Funktionen.

Für die Arbeitnehmer ist sicherlich die *Schutzfunktion* die wichtigste. Unter der Voraussetzung, dass das Proletariat durch Koalitionsbildung die Marktmacht der Arbeitgeber einzuschränken in der Lage war, dienten Kollektivverhandlungen der Sicherung erträglicher Lebensbedingungen. Da gewerkschaftliche Tarifpolitik jenen Tendenzen entgegenwirkt, die die Ware Arbeitskraft unter der „Geißel Hunger" den Gesetzen wettbewerbsbestimmter Arbeitsmärkte ausliefern, kann Goetz Briefs die Gewerkschaften als ein „Schutzgehäuse gegen die Kommerzialisierung der menschlichen Arbeitskraft" (Briefs 1927, S. 1117) bezeichnen.

Neben dieser existentiellen Schutzfunktion zur Reproduktionssicherung der Arbeitskraft erfüllt die Tarifautonomie *Verteilungs- und Partizipationsfunktionen.* Durch Kollektivverhandlungen und Tarifverträge können die gewerkschaftlichen Organisationen – mit steigender Arbeitsproduktivität – eine Beteiligung der abhängig Beschäftigten am wirtschaftlichen Wachstum durchsetzen; sie nehmen überdies – mit wachsendem politischem und organisatorischem Gewicht – Einfluss auf die Gestaltung der Anwendungsbedingungen der Ware Arbeitskraft im Produktionsprozess. Kurt Biedenkopf spricht zu Recht davon, dass der Tarifvertrag „die heute wichtigste Form der Mitbestimmung" ist, weil „durch ihn (…) die Arbeitnehmer, vertreten durch ihre Koalition, an der Ausübung unternehmerischer Funktionen" durch Regelsetzung partizipieren (1964, S. 6). Relativierend hinzuzufügen ist dem Biedenkopfschen Urteil freilich, dass heute der Betriebsrat eine zumindest gleichwertige Bedeutung bei der (betrieblichen) Mitbestimmung der Arbeitnehmer hat.

Für die Arbeitgeber erfüllt die Tarifautonomie vorwiegend *Kartell-* sowie *Ordnungs- und Befriedungsfunktionen.* Sobald die organisierte Arbeiterschaft

Marktdiktat und Alleinherrschaft der Unternehmer infrage stellen kann, sind letztere daran interessiert, dass dies gleichermaßen für ihre Konkurrenten gilt. Da Kollektivverhandlungen in der Regel zur Standardisierung von Lohnsätzen und Arbeitszeiten führen, können sie auf diesem Wege die Vereinheitlichung der Lohnkosten für einen weiten Bereich von Konkurrenten herbeiführen. Dieser Kartelleffekt war ein wichtiges Motiv für die Unternehmer, in Kollektivverhandlungen mit den Gewerkschaften einzutreten. Ein weiteres Unternehmermotiv ist darin zu sehen, dass Lohnstrukturen und Arbeitsbedingungen, die mit den Gewerkschaften ausgehandelt werden, nicht nur überschaubarer, sondern auch stabiler als einseitig festgelegte sind. Da die Repräsentanten der Arbeiter sie mitzuverantworten haben, ist es für das Management leichter, sie gegenüber den Beschäftigten zu legitimieren und deren Kooperation zu sichern.

Für den modernen Staat schließlich hat die Ausdifferenzierung einer Sphäre autonomer Regulierung der Austausch- und Konfliktbeziehungen zwischen Kapital und Arbeit zugleich *Entlastungs- und Legitimationsfunktionen.* Abgesehen davon, dass die Selbstregulierung durch die kollektiven „Wirtschaftssubjekte" nicht nur sachnähere, flexiblere Lösungen erlaubt als sie der Staatsapparat treffen könnte, wird dieser auch von der unmittelbaren Verantwortung für die jeweiligen Arbeitsbedingungen (soweit sie nicht bestimmte Mindeststandards unterschreiten) und für die auftretenden wirtschaftlichen Auseinandersetzungen entbunden. Die Isolierung der ökonomischen von den politischen Konflikten hat den doppelten Legitimationseffekt, dass Arbeitskämpfe in der Regel ohne Legitimationseinbußen für Staat und Regierung ausgetragen werden können, und dass der Staat und seine Repräsentanten, sollten die Arbeitskämpfe kritische Schwellenwerte überschreiten, mit der Legitimation des „neutralen Schlichters" in die Tarifauseinandersetzungen eingreifen können.

Repräsentative Gewerkschaften

Die organisationspolitische Grundlage der Tarifautonomie bilden Gewerkschaften, die weder als reine „pressure groups" noch als „bargaining agents" für ihre Mitglieder agieren, sondern als repräsentative Organisationen auftreten. „Die Gewerkschaft", schreibt Sinzheimer, „ist keineswegs nur ein Instrument der Lohnpolitik durch Beeinflussung des Arbeitsmarktes. Die Gewerkschaft ist vor allem auch die Trägerin einer neuen Arbeitsverfassung" (1976, Bd. 1, S. 95). Sie fungiert, gemeinsam mit dem Arbeitgeber (bzw. seinem Verband), als „privater Gesetzgeber" objektiver Rechtsnormen für die Arbeitsverhältnisse. Als solcher ist sie nicht nur Schöpfer, sondern auch Hüter tarifvertraglicher Arbeitsnormen; denn die autonome Norm erheischt die autonome Sanktion. Darin ist die Notwendig-keit des repräsentativen Charakters der Gewerkschaft begründet, was besagt, dass die Gewerkschaft einerseits ihre Ansprüche und Forderungen zwar im Namen der Mitglieder (wenn nicht generell der Arbeitnehmer), aber in relativer Unab-hängigkeit von ihrer Zustimmung geltend machen und andererseits die einzelnen Mitglieder auf die vereinbarten Arbeitsnormen verpflichten kann.

Wenn Sinzheimer die Notwendigkeit relativer Unabhängigkeit der Gewerk-schaften von ihren Mitgliedern und deren Interessen aus ihren Funktionen im Prozess der Normensetzung und Normendurchsetzung folgert, dann ist darin unschwer die Begründung der Notwenigkeit kompromiss- und verpflichtungs-fähiger Gewerkschaften zu erkennen. Erst die Bereitschaft zum Verhandlungs-kompromiss und die Fähigkeit, diesen gegenüber den Mitgliedern durchzusetzen, so unsere Schlussfolgerung, haben den Gewerkschaften die Anerkennung als Vertragspartner und Rechtsquelle eingetragen.

Die Gewerkschaften mussten ihren Charakter als „proletarische Bewegung", deren Ziele und Praxis allein von ihren Mitgliedern bestimmt werden, verlie-ren, mussten den Charakter von repräsentativen Organisationen, deren Politik nur noch mittelbar von den Mitgliedern abhängt, annehmen, um jene Aufgaben effek-tiv wahrnehmen zu können, die ihnen im Rahmen der Tarifautonomie zugedacht sind. Gewerkschaftstheoretiker sprechen von „befestigten" (Briefs 1952, S. 79–105) und „intermediären" (Müller-Jentsch 2008, S. 51–78) Gewerkschaften. Als „befestigt" gilt eine Gewerkschaft bei 1. der vollen Anerkennung durch Gesetzge-bung, Arbeitgeber und öffentliche Meinung; 2. der Stabilität und Sicherheit der Institution Gewerkschaft gegenüber den Schwankungen der Wirtschaft; 3. der Zuweisung öffentlicher Funktionen und Verantwortungen an die Gewerkschaf-ten, durch die sie zu quasi-öffentlichen Körperschaften werden (Briefs 1952, S. 87 f.). Als „intermediäre" Organisationen gelten Gewerkschaften, wenn sie nicht mehr, wie etwa die klassischen Berufsgewerkschaften, als autonom han-delnde Interessenorganisationen der Lohnabhängigen zu begreifen sind, sondern als „Vermittlungsinstitutionen" zwischen Mitglieder- und Kapitalinteressen fun-gieren, die sich von den Mitgliederinteressen zwar nicht unabhängig machen können, sie jedoch in einer Weise interpretieren und (re-)formulieren können, um sie mit den Interessen der Gegenseite kompatibel zu machen (Müller-Jentsch 2008, S. 80).

Wir können hier die Parallele zum allgemeinen Wahlrecht wieder aufgreifen. Der repräsentativen Demokratie entspricht die repräsentative Gewerkschaftsor-ganisation. Verwandelt die eine die Arbeiterklasse in Wahlbürger, so macht die andere aus ihr tendenziell eine Klientel. Ein entscheidender Unterschied ist jedoch hervorzuheben: Im Falle eines Arbeitskampfes werden die Gewerkschaftsmitglieder aufgerufen, sich für die Ziele der Organisation aktiv einzusetzen; sie werden unter persönlichen Opfern zu Exekutoren ihrer Interessen.

Gewerkschaften in Deutschland

In den westlichen Demokratien existiert zwar eine Vielfalt von Gewerkschaftssystemen, aber in allen sind sie Träger von Tarifvertragsordnungen.

In (West-)Deutschland präsentierte sich auf seinem Gründungskongress, 1949 in München, der Deutsche Gewerkschaftsbund (DGB) als ein Dachverband von 16 Industriegewerkschaften für das gesamte Bundesgebiet, die nach den Organisationsprinzipien von Einheits- und Industriegewerkschaft gebildet waren. *Einheitsgewerkschaft* bedeutet, dass Arbeitnehmer unabhängig von ihren politischen und weltanschaulichen Überzeugungen in der gleichen Gewerkschaft Mitglied sind, die jeweils für alle Arbeiter, Angestellten und Beamten eines Wirtschaftszweiges oder einer Industriegruppe zuständig ist (Organisationsprinzip *Industriegewerkschaft*).

Die gewerkschaftliche Organisationsstruktur von 1949 sollte bis Ende der 1990er Jahre Bestand haben. Nachdem, unter dem Einfluss von Vereinigungsprozessen mit ihren ostdeutschen Schwestergewerkschaften und beträchtlicher Mitgliederverluste, zahlreiche Fusionen zu „Multibranchengewerkschaften" erfolgt sind, ist der DGB seit dem Jahre 2002 die Dachorganisation nur noch für acht Gewerkschaften (*siehe Tab. 2.1*).

Neben den im DGB zusammengeschlossenen Gewerkschaften organisieren zahlreiche Verbände unter dem Dach des Deutschen Beamtenbundes (DBB) Arbeitnehmer vorwiegend im öffentlichen Dienst, und zwar nicht nur Beamte, sondern auch Angestellte, für die Tarifverträge abgeschlossen werden. 2021 zählte der DBB 1,3 Mio. Mitglieder, unter ihnen 70 % Beamte und rund 30 % Tarifbeschäftigte.

Schließlich vertreten neben DGB und DBB sogenannte Spartengewerkschaften bestimmte Berufssegmente (*siehe Tab. 2.2*). Mitglied eines Dachverbandes ist allein die Gewerkschaft der Lokführer als Mitgliedsgewerkschaft des DBB. Die übrigen Spartengewerkschaften agieren als unabhängige Organisationen. Alle haben sich in den vergangenen Jahrzehnten mit öffentlichkeitswirksamen Streiks und Protestaktionen für die Interessen ihrer Mitglieder zu Wort gemeldet.

Tab. 2.1 Gewerkschaften des DGB und ihre Mitglieder, 2021

Gewerkschaft	Mitglieder absolut	Mitglieder-Anteil %
IG Metall	2.169.183	37,9
Ver.di – Vereinte Dienstleistungsgewerkschaft	1.893.920	33,1
IG Bergbau, Chemie, Energie	591.374	10,3
Gewerkschaft Erziehung und Wissenschaft	276.264	4,8
IG Bauen-Agrar-Umwelt	221.519	3,9
Gewerkschaft der Polizei	201.712	3,5
Gewerkschaft Nahrung-Genuss-Gaststätten	189.098	3,3
Eisenbahn- und Verkehrsgewerkschaft	186.301	3,3
DGB	**5.729.371**	**100**

Quelle: DGB-Mitgliederstatistik; Stand 31.12.2021

Tab. 2.2 Spartengewerkschaften, 2018/2019

Gewerkschaft	Mitglieder
Vereinigung Cockpit (VC), die Vertretung der Piloten	9.600
Gewerkschaft der Flugsicherung (GdF)	3.800
Unabhängige Flugbegleiter Organisation (UFO)	10.000
Gewerkschaft der Lokomotivführer (GDL)	34.000
Marburger Bund (MB), die Vertretung der Klinikärzte	127.000

Quelle: Keller (2020, S. 439)

Der 280.000 Mitglieder zählende Christliche Gewerkschaftsbund (CGB), der noch zu erwähnen ist, hat als Tarifvertragspartei kaum Bedeutung. Als Dachverband mit 14 Einzelgewerkschaften, die Arbeiter, Angestellte und öffentliche Bedienstete organisieren, versteht er sich – seinem Selbstverständnis nach – als eine Konkurrenzorganisation zum DGB.

In den Mitgliedsgewerkschaften des DGB sind rund 80 % aller Gewerkschaftsmitglieder organisiert. Bedeutender als die Zahl der Mitglieder ist für die Durchsetzungsfähigkeit einer Gewerkschaft ihr *Organisationsgrad*, d. h. das Verhältnis von faktischen zu potenziellen Mitgliedern. In Deutschland sind weniger als ein Fünftel aller aktiven Arbeitnehmer gewerkschaftlich organisiert. Über diesem Durchschnitt liegen die Organisationsgrade in den industriellen Sektoren, im

Finanzsektor und im öffentlichen Dienst sowie generell in den Großbetrieben. Die Spartengewerkschaften weisen – mit Ausnahme von UFO – Organisationsgrade zwischen 70 und 80 % aus (Keller 2020, S. 20).

Gewerkschaftsmitglieder haben am tarifpolitischen Prozess einen doppelten Anteil: zum einen am Willensbildungsprozess, zum anderen am Prozess der Auseinandersetzung mit der Arbeitgeberseite. An der innerverbandlichen Willensbildung beteiligt sich in der Regel nur eine kleine Minderheit; nach Schätzungen beträgt der aktive Kern, der am gewerkschaftlichen Organisationsleben teilnimmt, nicht mehr als fünf bis zehn Prozent. Wird bei schwierigen Tarifverhandlungen der Einsatz von gewerkschaftlichen Kampfmitteln (Warnstreiks, Urabstimmung und Streik) erwogen, ist die Masse der Mitglieder aufgerufen, ihre Interessen selbst durchsetzen.

Arbeitgeberverbände in Deutschland

Die Verbandsbildung der Unternehmer in Deutschland zeichnet sich als eine dreigliedrige aus:

1. Organisierung in *Arbeitgeberverbänden,* die die sozial- und tarifpolitischen Interessen der Unternehmer wahrnehmen. Die Dachorganisation der privatwirtschaftlichen Arbeitgeber ist die „Bundesvereinigung der Deutschen Arbeitgeberverbände" (BDA).
2. Organisierung in *Wirtschaftsverbänden,* die die wirtschaftspolitischen Interessen (vornehmlich auf den Gebieten der Steuer-, Wettbewerbs- und Außenhandelspolitik) der verschiedenen Unternehmergruppen wahrnehmen. Hier ist der „Bundesverband der Deutschen Industrie" (BDI) die einflussreichste Dachorganisation.
3. Organisierung in *Industrie- und Handelskammern,* die öffentlich-rechtlichen Charakter mit Pflichtmitgliedschaft haben und die die gemeinsamen regionalen Interessen der gewerblichen Wirtschaft wahrnehmen. Zusammengefasst sind die Kammern in der Dachorganisation „Deutscher Industrie- und Handelstag" (DIHT).

Tarifpolitisch relevant sind allein die Arbeitgeberverbände. Ihre Mitglieder sind keine Personen, sondern Unternehmen, die in der Regel eine Vielzahl von Arbeitnehmern beschäftigen. Siemens mit seinen mehr als 300.000 Beschäftigten weltweit, davon 86.000 in Deutschland, und die Metallklitsche mit einer Handvoll Arbeitnehmer zählen gleichermaßen als Mitglieder, wenngleich ihr Einfluss und Gewicht im Verband beträchtlich divergieren. Ähnlich wie bei den Gewerkschaften haben sich die privaten Arbeitgeberverbände zu einer Dachorganisation, der „Bundesvereinigung Deutscher Arbeitgeberverbände" (BDA), zusammengeschlossen, die nicht nur Arbeitgeberverbände der Industrie, sondern auch des Handwerks, der Landwirtschaft, des Handels, des privaten Bankgewerbes, des Verkehrsgewerbes, des Versicherungssektors und sonstiger Dienstleistungen umfasst. Doch unterhalb dieses Daches sind die Organisationsverhältnisse bei den Arbeitgebern weitaus komplexer.

Die BDA ist ein Verband dritten Grades, ein „Verbände-Verband". Um dies am Beispiel der metallindustriellen Arbeitgeberverbände zu erläutern, starten wir mit einem hessischen Metallunternehmen, das Mitglied im *Fachverband* „Hessenmetall -Verband der Metall- und Elektro-Unternehmen Hessen e. V." ist; dieser ist Mitgliedsverband im *Fachspitzenverband* „Gesamtmetall", der wiederum Mitglied im *Dachverband*, der BDA, ist. Die BDA vereinigt unter ihrem Dach über 50 solcher Fachspitzenverbände. Für die Tarifpolitik zuständig sind indes in der Regel die regionalen Fachverbände, die jedoch ihre Tarifkompetenz bei Tarifmaterien von grundsätzlicher Bedeutung an ihren Fachspitzenverband delegieren können.

Die für Unternehmerorganisationen typische Konstruktion des „Verbände-Verbandes" sowie die separate Organisierung nach Wirtschafts- und Arbeitgeberverbänden hat ihren tieferen Grund in der Konkurrenzsituation der Unternehmen. Zentrales Organisationsproblem für die Gewerkschaften ist der „Trittbrettfahrer", für die Unternehmerverbände ist es die Konkurrenz. Um die Konkurrenz als organisationshemmenden Faktor zu neutralisieren, beschränkt sich die den Unternehmern abgeforderte Solidarisierung auf einen eng umgrenzten Ausschnitt unternehmerischer Interessen. Daraus erklärt sich die Vielzahl partikularer Elementarverbände, die sich stufenweise zu Verbänden 2. und 3. Grades aufbauen.

Nicht in der BDA organisiert sind die Arbeitgeber des öffentlichen Dienstes. Dem Prinzip des föderalistischen Staates folgend, sind die öffentlichen Arbeitgeber auf den drei Ebenen: Bund, Länder und Gemeinden tätig. Auf der Ebene der *Kommunen* bestehen kommunale Arbeitgeberverbände (KAV) als Vereinigungen von Arbeitgebern im Sinne des Tarifvertragsgesetzes. Die Verbandsgrenzen sind mit denen der Bundesländer identisch. Die Spitzenorganisation ist die „Vereinigung der kommunalen Arbeitgeberverbände" (VKA). Die *Bundesländer* haben sich zur „Tarifgemeinschaft deutscher Länder" (TdL) zusammengeschlossen. Auf der Ebene des *Bundes* besteht keine verbandliche Organisation. Die Federführung liegt wegen seiner Zuständigkeit für alle besoldungsrechtlichen und tarifvertraglichen Regelungen der Beschäftigungsbedingungen beim Bundesinnenminister, der sich bei Verhandlungen mit dem Bundesfinanzminister berät. Das Gewicht zwischen den drei Ebenen verteilt sich nach dem Anteil der Beschäftigten im öffentlichen Dienst (Kommunen: 34,1 %, Länder: 53,7 %, Bund: 12,2 % – Stand 2020) (Statistisches Bundesamt 2021, S. 15).

Die Arbeitgeberverbände sind in der Regel in höherem Maße organisiert als die Gewerkschaften. Nach Schätzungen der EU liegt der Organisationsgrad bei knapp unter 60 % (Europäische Kommission 2015, S. 25). Im öffentlichen Dienst liegt er jedoch bei 100 %.

Dass die Tarifautonomie konstitutives Element der Sozialen Marktwirtschaft ist, steht heute außer Frage. Im Staatslexikon der Görres-Gesellschaft heißt es beispielsweise: sie sei „integraler Bestandteil der Sozialen Marktwirtschaft" (Küppers 2022), Für den Ordnungspolitiker Nils Goldschmidt, Vorsitzender der „Aktionsgemeinschaft Soziale Marktwirtschaft", „gehören Tarifautonomie und Tarifvereinbarungen zu den Grundpfeilern der Sozialen Marktwirtschaft" (Goldschmidt 2005, S. 5). Der mächtigste deutsche Arbeitgeberverband, Gesamtmetall, steht nicht an, als Herausgeber einer repräsentativen Veröffentlichung die Tarifautonomie als „tragende Säule der Sozialen Marktwirtschaft, des äußerst erfolgreichen deutschen Gesellschafts- und Wirtschaftsmodells" einzustufen (Höpfner et al. 2021, S. 5). Zuschreibungen dieser Art ließen sich in großer Zahl herbeizitieren. Doch eigenartigerweise finden sich in den Texten der Gründungsväter, Walter Eucken und Alfred Müller-Armack, wenn überhaupt, nur dürftige Aussagen zur Institution Tarifautonomie.

Die ursprüngliche Konzeption der Sozialen Marktwirtschaft bestand aus einer Wettbewerbsordnung (Walter Eucken 2004) und einem dualen Prinzip von Marktfreiheit und sozialem Ausgleich (Alfred Müller-Armack 1956).[1] Die von dem Ordoliberalen Eucken für eine „Verkehrswirtschaft", sprich: Marktwirtschaft, ausgearbeitete Wettbewerbsordnung bestand aus sieben konstituierenden und vier regulierenden Prinzipien (zusammengefasst in der nachstehenden Abbildung) (Abb. 3.1).

---

[1] In der häufig zitierten Formulierung: „Sinn der sozialen Marktwirtschaft ist es, das Prinzip er Freiheit auf dem Markte mit dem des sozialen Ausgleichs zu verbinden." (Müller-Armack 1956, S. 390).

© Springer Fachmedien Wiesbaden GmbH, ein Teil von Springer Nature 2022
W. Müller-Jentsch, *Tarifautonomie*, essentials,
https://doi.org/10.1007/978-3-658-39894-1_3

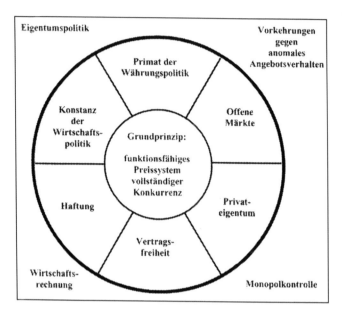

Abb. 3.1 Konstituierende und regulierende Prinzipen (Goldschmidt und Wohlgemuth 2008: 195)

Neben dieser ausgefeilten *Konstruktion* des Prinzips des Wettbewerbs auf den Sachgütermärkten haben weder Eucken noch Müller-Armack trennscharfe Ordnungsprinzipien für den Arbeitsmarkt ausgewiesen, geschweige denn ihm einen systematischen Stellenwert in ihrer jeweiligen Konzeption eingeräumt. Zwar hatte Eucken geltend gemacht: „zwischen Sachgüter- und Arbeitsmärkten [bestehen] Unterschiede, die zu beachten [sind]" (Eucken 2004, S. 322), doch bleiben seine Ausführungen über den Arbeitsmarkt fragmentarisch und ambivalent. Mit der Formel, „Arbeit ist keine Ware" und dem Postulat, „den Arbeitsmarkt menschenwürdig zu gestalten" (ebd.), weckte er Erwartungen auf qualifizierte Aussagen. Doch begrenzen sich seine Ausführungen hierzu zum einen darauf, dass die „menschenwürdige Gestaltung" in Form von Arbeitsschutzmaßnahmen primär Aufgabe des Staates sei, und zum anderen, dass den Gewerkschaften „große Verdienste" zukommen, wenn sie „als monopolartige Organisationen" nachfragemonopolistische Übergewichte der Unternehmer ausgleichen. Dies erläutert er am konkreten Beispiel eines Erzbergwerks, in dem die Arbeiter der Umgebung allein Beschäftigung finden können. Hier könnten Gewerkschaften zur „*Realisierung der Wettbewerbsordnung*" beitragen, indem sie Löhne durchsetzen, „die den *Wettbewerbslöhnen* entsprechen" (ebd., S. 323; Hervorh. WMJ).

Das gewählte Beispiel ist eher untypisch. Gewerkschaften verhandeln gewöhnlich mit Arbeitgeberverbänden, die für viele Unternehmen verbindliche (Flächen-) Tarifverträge abschließen, oder sie handeln mit einem – in der Regel nichtnachfragemonopolistischen – einzelnen Unternehmen einen Firmen-Tarifvertrag aus. In beiden Fällen dienen Wettbewerbslöhne nicht als Richtschnur. Angesichts dessen, dass die von den Gewerkschaften durchgesetzten Tariflöhne etwa 20 % über den nichttariflichen liegen, bleibt die Frage, welches nun Wettbewerbslöhne sind, ohnehin eine rein akademische.[2]

Weil selbst Müller-Armack das von ihm hinzugefügte Prinzip des sozialen Ausgleichs nur mit Stichworten und ohne direkten Bezug auf den Arbeitsmarkt auffächert (Müller-Armack 1966, S. 132 und 198), ist zu vermuten, dass die Väter der Sozialen Marktwirtschaft den Arbeitsmarkt sowie die Gewerkschaften und Arbeitgeberverbände ordnungspolitisch nicht recht in den Griff bekamen und dadurch eine theoretische Lücke in der *ursprünglichen* Konzeption der Sozialen Marktwirtschaft hinterließen.[3] Als Wettbewerbstheoretiker wollte Eucken offenbar nicht akzeptieren, dass für den Arbeitsmarkt statt der Wettbewerbsordnung eine *Kartellordnung* die adäquatere, zumal grundgesetzlich garantierte ist. Schließlich sind Gewerkschaften und Arbeitgeberverbände veritable Kartelle, die Löhne und Arbeitszeiten für abhängig Beschäftigte, unabhängig von staatlicher Einflussnahme, paritätisch vereinbaren. Durch Artikel 9 Absatz 3 des Grundgesetzes (Koalitionsfreiheit) und das Tarifvertragsgesetz sind sie vom Kartellverbot des Gesetzes gegen Wettbewerbsbeschränkung explizit ausgenommen. Eucken verkannte somit die reale Funktion der Gewerkschaften, wenn er bei der Behandlung des Monopolproblems und zur Vermeidung monopolistischer Missbräuche (z. B. „closed shop") sich dafür aussprach, dass auch auf den Arbeitsmärkten die Monopolisten durch die Monopolgesetzgebung zu „wettbewerbsanalogem" Verhalten veranlasst werden sollten (Eucken 2004, S. 295).

---

[2] Statt Vereinbarungen von Wettbewerbslöhnen wird von den Tarifvertragsparteien eine an der Produktivitätsentwicklung orientierte Lohnpolitik erwartet.

[3] Auch dem Nachfolger auf Müller-Armacks Kölner Lehrstuhl und langjährigen Herausgeber des ORDO-Jahrbuchs, Hans Willgerodt, fällt beim Versuch, das „Soziale in der Sozialen Marktwirtschaft" zu bestimmen, zum Thema Arbeitsmarkt allein das „brennende Problem der Arbeitslosigkeit" ein (Willgerodt 2011, S. 123 f.).

Zwar fallen Euckens Urteile über die Gewerkschaften[4] und deren Lohn-politik nicht so negativ aus wie Ludwig Erhards Auslassungen,[5] aber seine theoretische Fixierung auf die Wettbewerbsordnung verstellt ihm (und generell den Protagonisten der Sozialen Marktwirtschaft) den Blick auf die struktu-relle Verschiedenheit von Sachgüter- und Arbeitsmärkten. Für letztere ist das Strukturprinzip nachgerade der *Ausschluss von Wettbewerb* durch legitime Kar-tellbildung. Aufseiten der Arbeitnehmer schränken die Gewerkschaften, aufseiten der Unternehmer die Arbeitgeberverbände die Konkurrenz auf dem Arbeitsmarkt ein. Keineswegs schreibt ihnen das Tarifvertragsgesetz ein „wettbewerbsanalo-ges" Verhalten oder dergleichen vor. Übrigens kommen weder in Euckens noch in Müller-Armacks Schriften die eigentlichen Verhandlungspartner der Gewerk-schaften, die Arbeitgeberverbände (welche ja ebenfalls unter der Garantie der Koalitionsfreiheit als Kartelle fungieren) überhaupt vor.

Die Lücke in der ursprünglichen Konzeption der Sozialen Marktwirtschaft haben andere geschlossen. Konrad Adenauer hat als erster Bundeskanzler der Bundesrepublik in seiner Regierungserklärung vom 20. September 1949 mit der Koalitionsfreiheit implizit auch den Kartellcharakter des Arbeitsmarktes akzeptiert:

> „Die Bundesregierung steht auf dem Boden der Koalitionsfreiheit. Sie wird es den Verbänden überlassen, alles das in freier Selbstverwaltung zu tun, was den wirtschaft-lichen und sozialen Interessen förderlich ist und was einer weiteren Verständigung zwischen Arbeitgebern und Arbeitnehmern dient. Ein verständiger Ausgleich sozia-ler Gegensätze ist eine unumgängliche Voraussetzung für den Aufstieg unseres Volks. Dieser Ausgleich muss durch die Sozialpartner selbst herbeigeführt werden."[6]

Seither gelten Gewerkschaften und Arbeitgeberverbände unbestritten als legitime Akteure der Tarifautonomie. Wenn das Gesetz gegen Wettbewerbsbeschrän-kung die Ordnung der Sachgütermärkte regelt, dann das Tarifvertragsgesetz die

---

[4] In seinen historischen Rückblicken hat Eucken die Gewerkschaften zumeist negativ als monopolistische oder teilmonopolistische Verbände konnotiert (Eucken 2004, S. 150, 186, 295). An anderer Stelle konstatierte er in dem „gruppenanarchischen Nebeneinander der Machtblocks von Industrie, der Gewerkschaften und der Landwirtschaft" eine Ursache für „das Vordringen der Zentralverwaltungswirtschaft" (Eucken 2008, S. 145).

[5] So riet Erhard den Gewerkschaften, sich zu fragen, „ob sie mit ihrer aktiven Lohnpolitik nicht die Geschäfte verantwortungsloser Spekulanten besorgen" (Erhard 2014, S. 24).

[6] Konrad-Adenauer-Stiftung – Erste Regierungserklärung von Bundeskanzler Adenauer.

Ordnung der Arbeitsmärkte.[7] Erstaunlich bliebt, dass die Gründungsväter der Sozialen Marktwirtschaft dem Tarifvertragsgesetz, obwohl es bereits 1949 in Kraft getreten war, keine besondere Beachtung schenkten, und dass die ihnen nachfolgenden Ordnungspolitiker zwar die Tarifautonomie zu deren konzeptionellen Grundbestand zählen, ohne aber den Widerspruch zwischen Wettbewerbs- und Kartellordnung zu thematisieren. Nicht selten werden Gewerkschaften von Ökonomen, insbesondere beim Insider–Outsider-Komplex, noch heute in einen Atemzug mit wettbewerbsbeschränkenden Kartellen genannt, die vornehmlich für die Arbeitslosigkeit verantwortlich seien.[8]

Die Ökonomen Justus Haucap, Uwe Pauly und Christian Wey haben 2007 Vorschläge zur Aufweichung der Kartellordnung vorgelegt (2007, S. 127–135), die die Stabilität des Tarifvertragssystems untergraben und den Wettbewerb auf dem Arbeitsmarkt stärken sollen. Infolgedessen wurde auch die seit den 1990er Jahren sinkende Quote der Tarifbindung von Betrieben und Arbeitnehmern und das Auftreten von konkurrierenden Gewerkschaften von ordnungspolitischen Ökonomen begrüßt.

Doch entgegen diesen Erwartungen hat der deutsche Gesetzgeber mit dem Tarifeinheitsgesetz (s. Übersicht 3) und die Europäische Union mit ihrer jüngst (am 04.10.2022) verabschiedeten Mindestlohn-Richtlinie[9] den Kartellcharakter der Tarifautonomie gestärkt.

---

[7] In dem neu eingefügten § 4a des Tarifvertragsgesetzes werden neben der „Sicherung der Schutzfunktion, Verteilungsfunktion, Befriedungsfunktion" explizit die „Ordnungsfunktion von Rechtsnormen des Tarifvertrags" hervorgehoben.

[8] Auf dem Gipfel der Arbeitslosigkeit in den frühen Nullerjahren befand der Wissenschaftliche Beirat beim Bundesministerium für Wirtschaft und Arbeit, in einem Gutachten, „dass das Lohnniveau in Deutschland zu hoch, die Lohnstruktur falsch und die Flexibilität der Regeln, nach denen sich Einsatz und Bezahlung von Arbeitskräften richten, unzureichend ist. Drei Jahrzehnte Zunahme der Arbeitslosigkeit – über die konjunkturellen Schwankungen hinweg – lassen keinen anderen Schluss zu als den, dass das Regelwerk, nach dem in Deutschland Tariflöhne, die faktisch Mindestarbeitsentgelte sind, und sonstige tarifgebundene Arbeitsbedingungen festgelegt werden, versagt hat" (Wissenschaftlicher Beirat 2004, S. 13).

[9] Sie verpflichtet die Mitgliedsländer, dass sie bei einer Tarifquote unter 80 % Aktionspläne zur Förderung von Tarifverhandlungen aufstellen müssen.

Vom Klassenkampf zur Sozialpartnerschaft (Geschichte)

Die Durchsetzung der Trias von Koalitionsfreiheit, Tarifautonomie und Streikrecht hat eine recht wechselvolle Geschichte. Nicht nur die aus der Geschichte der Arbeiterbewegung überlieferten erbitterten Konflikte und politischen Kämpfe, die Gewerkschaften gegen ein autokratisches Unternehmertum und Arbeiterparteien gegen den Obrigkeitsstaat austragen mussten, trugen dazu bei. In manchen gewerblichen Sektoren gab es jedoch schon früh ein kooperatives Miteinander bei der Regelung der Arbeitsbeziehungen.

Am Anfang stand die Tarifgemeinschaft

Die Geschichte der Tarifautonomie ist eng verflochten mit der Geschichte der Gewerkschaften. Die Bildung von Gewerkschaften ist schließlich eine Grundvoraussetzung der Tarifautonomie. Die späteren Klassenkämpfe zwischen Kapital und Arbeit vornehmlich während der Phase der Hochindustrialisierung in der Schwerindustrie und in Wirtschaftszweigen mit großbetrieblichen Unternehmungen überdecken leicht die Tatsache, dass die ersten Anfänge paritätischer Vereinbarungen über Löhne und Arbeitsbedingungen in klein- und mittelgewerblichen Industriezweigen zu finden sind. In der Tat waren die Schrittmacher des Tarifvertragsgedankens in Deutschland *Berufsgewerkschaften* mit langen Handwerkertraditionen, die zudem in Gewerben tätig waren, in denen zwischen Prinzipalen und Beschäftigten eine relativ geringe soziale Distanz vorherrschte. Namentlich die Verbände der Buchdrucker und die der Fachgruppen im Baugewerbe leisteten auf diesem Gebiet Pionierarbeit (Ullmann 1977; Küppers 2008, S. 185 ff.).

© Springer Fachmedien Wiesbaden GmbH, ein Teil von Springer Nature 2022
W. Müller-Jentsch, *Tarifautonomie*, essentials,
https://doi.org/10.1007/978-3-658-39894-1_4

Unter den *Buchdruckern* (ein für die Berufe des graphischen Gewerbes damals üblicher Sammelname) sind erste lokale Vorstöße zu tariflichen Arbeitsregelungen bis auf die dreißiger Jahre des 19. Jahrhunderts zurückzuverfolgen. Um das Revolutionsjahr 1848 verstärkten sich derartige Aktivitäten, sodass es in verschiedenen Orten zum Abschluss lokaler Tarifverträge kam, von denen der 1848 in Leipzig abgeschlossene Buchdruckertarif die politische Reaktion der 1850er Jahre überdauerte. Die damalige politische Situation begünstigte nicht nur die Buchdrucker, sondern erzeugte auch Gemeinsamkeiten zwischen Gehilfen und Prinzipalen in der Frage der Pressefreiheit. Freilich schlossen diese nicht den Einsatz von Arbeitskampfmitteln auf beiden Seiten aus. Bezeichnend für das Buchdruckgewerbe ist zum einen, dass die Entwicklung in der Organisierung der Arbeitsmarktparteien ihre Parallele in der Entwicklung ihrer paritätischen Tarifvertragsbeziehungen (und umgekehrt) fand, und zum anderen, dass beide relativ früh zentralistische Formen annahmen. So war 1866 von den Buchdruckern der „Deutsche Buchdruckerverband" gegründet worden und erfolgte 1869, als Gegengründung zur Organisation der Gehilfen, der Zusammenschluss von Druck- und Verlagsunternehmern zum „Deutschen Buchdruckerverein", dem ältesten deutschen Arbeitgeberverband.

Bereits 1873 wurde von einer mit Gehilfen und Prinzipalen paritätisch besetzten Tarifkommission der erste Reichstarifvertrag für Buchdrucker abgeschlossen. Mit diesem, in der deutschen Sozialgeschichte ersten Tarifvertrag, dessen räumlicher Geltungsbereich das gesamte Reich umfasste, wurden die Grundlagen für dauerhafte Tarifbeziehungen zwischen beiden Seiten gelegt. Der zentrale (Reichs- oder Bundes-)Tarifvertrag wurde seither für das graphische Gewerbe die Regel.

Wenngleich dem ersten Reichstarifvertrag in den Jahren zuvor mehrere lokale Lohnkämpfe vorausgegangen und in den folgenden Jahren Arbeitskämpfe um Tariffragen keine Seltenheit waren, gründeten die Tarifvertragsbeziehungen zwischen den Organisationen der Buchdrucker und der Prinzipale von Beginn an in einem generell kooperativen Verständnis beider Seiten, dem es auch zu danken war, dass ihre „Tarifgemeinschaft" von den Auswirkungen der großen Depression (1873–1896) und den Beschränkungen des „Sozialistengesetzes" (1878–1890) zwar beeinträchtigt, aber nicht zerstört wurde. Die Gewerkschaftsführung konnte durch die Umwandlung des Buchdruckerverbandes in einen Unterstützungs- verein einem Verbot zuvorkommen. Nachdem die Restriktionen ökonomischer und politischer Art gefallen waren, kam es in der Prosperitätsphase 1896– 1913 – beginnend mit dem zweiten Reichstarifvertrag von 1896 – zu einer Konsolidierung der Tarifbeziehungen, die sich einmal in einer sehr geringen Streiktätigkeit und zum anderen im sukzessiven Ausbau der Verhandlungs- und Vertragspolitik äußerte.

Um die Jahrhundertwende, als in anderen Wirtschaftsbereichen – mit Ausnahme des Bau- und Holzgewerbes – Tarifverträge noch weitgehend unbekannt waren, wies das Druckgewerbe ein ausdifferenziertes und umfangreiches Tarifvertragssystem auf, das bereits alle wesentlichen Elemente moderner Systeme enthielt. Es umfasste neben den tariflichen Arbeitsnormen (Akkord- und Zeitlohnregelungen, Bestimmungen über Arbeitszeit, Pausen, Überstunden, Sonntags- und Feiertagsarbeit) und institutionellen Regelungen (Friedenspflicht, Schiedsgerichte, Einigungsamt, paritätischer Tarifausschuss) auch einen „Organisationsvertrag" über die gegenseitige Unterstützung zur Stärkung der jeweils anderen Tarifvertragspartei. Der Organisationsvertrag von 1906 sah vor, dass die Mitgliedsfirmen des Arbeitgeberverbandes nur Mitglieder des Buchdruckerverbandes beschäftigten und umgekehrt die Gewerkschaftsmitglieder nur in tarifgebundenen Firmen arbeiten sollten. Dieser Vertrag richtete sich – auf Gewerkschaftsseite – gegen konkurrierende Organisationen und – auf Arbeitgeberseite – gegen die sogenannte „Schmutzkonkurrenz" nichtvertragsgebundener Druckereien, die aufgrund allgemeiner „Lohndrückerei" und übermäßiger Beschäftigung von Lehrlingen mit Preisunterbietungen arbeiten konnten. „Während in anderen Branchen jede Seite versuchte, die Organisation der anderen Seite zu untergraben, drängten bei den Buchdruckern die Unternehmer die Arbeiter und die Arbeiter die Unternehmer in deren Organisation" (Burkhardt 1974, S. 59).

Einen bemerkenswerten Tarifvertrag setzten die Buchdrucker 1900 mit der Erfindung der Zeilensetzmaschine „Linotype" durch. Die Möglichkeit, dass sie die Arbeit von drei bis fünf Handsetzern leisten konnte, beunruhigte die Setzer ebenso wie die Vorhersage der Unternehmer, auch „Frauenzimmer" und Lehrlinge seien in der Lage, das Setzen zu übernehmen. Als größte Berufsgruppe in der Buchdruckergewerkschaft verfolgten die Setzer die Strategie, den Maschinensatz zu verteuern. Das gelang ihnen mit einem Tarifvertrag für Maschinensetzer, der am 1. Januar 1900 in Kraft trat. Er stellt insofern eine Besonderheit in der deutschen Tarifgeschichte dar, als er festlegte, dass nur ausgebildete Setzer mit einer Zusatzausbildung von drei Monaten die Setzmaschine bedienen durften. Der Lohntarif für Maschinensetzer wurde zugleich um 25 % über den Normaltarif des Handsetzers erhöht und die tägliche Arbeitszeit um eine Stunde verkürzt. Mit dieser *Besetzungsregel* war es einer hochorganisierten Berufsgruppe gelungen, eine durch technische Innovation verursachte Qualifikationsentwertung des Handsetzers durch eine vorgeschriebene Zusatzausbildung zu einer Höherqualifizierung umzudefinieren (Müller-Jentsch 2009, S. 97). Dies verhinderte, dass angelernte Arbeitskräfte die Setzmaschinen bedienen durften – eine Bestimmung, die sich auch gegen Frauen richtete.

Wenn das Druckgewerbe vor 1914 der Wirtschaftszweig mit der größten „Tarifdichte" (gemessen am Anteil tarifgebundener Betriebe und Personen) war, dann zeichnete sich das *Baugewerbe* dadurch aus, dass es unter allen Wirtschaftszweigen die Branche mit der höchsten Zahl tarifgebundener Betriebe und Personen wurde. Vornehmlich die Berufsgruppen der Maurer und Zimmerer waren es, die dem Tarifvertragsgedanken in dieser Branche zum Durchbruch verhalfen. Gleichwohl kann erst nach 1890 von geregelten Tarifvertragsbeziehungen im Baugewerbe gesprochen werden.

Ein zentraler Reichstarifvertrag wurde erstmals 1910 – nach einer Massenaussperrung von mehr als 170.000 Arbeitern durch die Bauunternehmer – abgeschlossen. Er kam als ein durch politische Vermittlung in diesem bisher größten Arbeitskampf im Deutschen Reich herbeigeführter Kompromiss zustande, „der die wichtigsten Streitfragen wie Arbeitszeit, Lohnform, Akkordarbeit, Maßregelung, Schiedsgerichtbarkeit und Vertragsdauer" regelte (Werner 1968, S. 78). Damit wurde auch im Baugewerbe ein zentral gelenktes Tarifvertragssystem etabliert.

Druck- und Baugewerbe sind die „beiden klassischen Tarifgewerbe" (Volkmann 1979, S. 432); außer in der Holzindustrie hat es vor 1914 im Deutschen Reich keine vergleichbaren Entwicklungen auf diesem Gebiet gegeben. Dass in diesen Gewerben – gleichsam prototypisch – geregelte Tarifvertragsbeziehungen entstanden, hängt mit einer Reihe günstiger Voraussetzungen zusammen. Da waren zum einen die das Gewerbe betreffende: eine klein- und mittelbetriebliche Produktionsstruktur mit entsprechender Marktkonkurrenz, ein hoher Personalkostenanteil an den Produktionskosten und eine hohe Streikempfindlichkeit wegen des Zwangs zur Aktualität (Druck) auf der einen, der Saisonabhängigkeit (Bau) auf der anderen Seite. Sodann lagen zum anderen spezifische Voraussetzungen vor, die mit der Berufsstruktur zusammenhängen: es wurden fach-qualifizierte Arbeitskräfte überwiegend handwerklicher Herkunft und mit ausgeprägt berufsständischer Orientierung beschäftigt, der Anteil weiblicher Beschäftigter war gering. Und schließlich lagen zum Dritten spezifische organisatorische Voraussetzungen vor: auf beiden Seiten eine relativ früh erreichte, etwa gleich hohe Zentralisierung und Dichte der Organisierung; auf Gewerkschaftsseite Berufsverbände mit spezifischen Statusinteressen und pragmatisch-reformerischer (statt klassenkämpferischer) Orientierung.

Unter diesen vergleichsweise günstigen Bedingungen konnte der Tarifvertrag zugleich gewerbe- und berufsregulierende Funktionen wahrnehmen. Den Unternehmern bot er relative Sicherheit vor Arbeitsniederlegungen, stabile Kalkulationsgrundlagen für Druck- und Bauaufträge sowie Gewähr für die Eindämmung

der „Schmutzkonkurrenz" durch einheitliche Preisgestaltung. Den in Berufsverbänden organisierten Arbeitern diente der Tarifvertrag nicht nur zum Schutz
vor Lohnunterbietungen, sondern auch zur Kartellierung der Arbeitskraft durch
Beschränkungen des Zugangs zum Arbeitsmarkt (vermittels langer Lehrzeiten,
begrenzter Lehrlingszahlen, qualitativer Besetzungsregeln). Für die Unternehmer übernahm der Tarifvertrag im Druck- und Baugewerbe „gewissermaßen
die Funktion der Kartelle und Syndikate in der Schwerindustrie" (Volkmann
1979, S. 438); für die hochorganisierte Handwerkerelite wurde er, nach Ver-
lust ihrer ständisch-zünftigen Privilegien, gleichermaßen zum Instrument der
Statussicherung.

Gleichwohl stellten sich geregelte Tarifvertragsbeziehungen selbst in den dafür
prädestinierten Gewerben häufig erst als Ergebnis von Interessenkämpfen und
-kompromissen her. Denn da sie die Existenz und Anerkennung von starken
Organisationen auf beiden Seiten voraussetzen, kam es – durch konjunkturelle,
politische oder soziale Entwicklungen bedingt – zuweilen zu Machtverschiebun-
gen und Ungleichgewichten, bei denen die eine Seite gewonnenes Terrain an die
andere wieder abgeben musste. Dies gilt insbesondere für das Baugewerbe mit
seiner bis 1910 hohen Streikfrequenz (vgl. dazu Volkmann 1979, S. 434).

Kampf um die Tarifautonomie in der Schwer- und Großindustrie

Erst im letzten Jahrzehnt des 19. Jahrhunderts verlagerte sich der Kern der
Gewerkschaftsbewegung auf jene Berufsgruppen und Gewerbezweige, die unter
den prägenden Einflüssen maschineller Massenproduktion, großbetrieblicher
Arbeitsorganisation und der Agglomeration von unterschiedlichen Arbeiterka-
tegorien in großindustriellen Produktionsstätten standen. Wenn auch weiterhin
gelernte Facharbeiter das Rückgrat vieler Organisationen bildeten, so verstanden
sich diese doch nicht mehr als Handwerker, sondern als Industriearbeiter und „ge-
werbliches Proletariat" (Briefs). Im Verlauf der in der zyklischen Wirtschaftskrise
von 1891–94 erfolgenden „großen Reorganisation der Gewerkschaftsbewegung"
(Ritter und Tenfelde 1975, S. 88) verschob sich der Schwerpunkt auf „die neuen,
tendenziell die Unterschiede zwischen gelernten und ungelernten Arbeitern und
Arbeitern verschiedener Berufe nivellierenden Industrieverbände [...]. Parallel
dazu erfolgte gegen Ende des Jahrhunderts ein Aufschwung besonderer Organisationen ungelernter Arbeiter" (ebd., S. 109). Um die Jahrhundertwende stellten die
drei *Industrieverbände* der Metallarbeiter (gegründet 1891), Holzarbeiter (1893)
und Textilarbeiter (1891) über 30 % und die drei *Organisationen der Ungelernten*

– der Fabrikarbeiter (gegründet 1890), Bauhilfsarbeiter (1891) und Transportarbeiter (1897) – über 11 % aller Mitglieder der freien Gewerkschaften (ebd.). Im Gegensatz zu den älteren Berufsverbänden wurden diese neuen Organisationen bis zum Ersten Weltkrieg von den Unternehmern nur in Ausnahmefällen als Tarifvertragspartner akzeptiert, sodass es in ihren Organisationsbereichen vor 1914 nur ansatzweise zu geregelten Tarifvertragsbeziehungen kam.

Innerhalb der Gewerkschaftsbewegung blieben Tarifverträge zunächst umstritten. Selbst eine radikale Minderheit der Buchdrucker hatte sich nach dem Abschluss des Reichstarifvertrags von 1896 deswegen vom Verband der deutschen Buchdrucker abgespalten und eine eigene Sonderorganisation gegründet (Küppers 2008, S. 234). Die Streitfrage wurde auf dem Frankfurter Kongress der freien Gewerkschaften von 1899 schließlich entscheiden. In einer vom Buchdruckerverband eingebrachten Resolution entschieden sie sich mit großer Mehrheit prinzipiell für den Abschluss von Tarifverträgen. In der Resolution hieß es:

„Tarifliche Vereinbarungen, welche Lohn- und Arbeitsbedingungen für eine bestimmte Zeit regeln, sind als Beweis der Anerkennung der Gleichberechtigung der Arbeiter seitens der Unternehmer bei der Festsetzung der Arbeitsbedingungen zu erachten und in den Berufen erstrebenswert, in welchen eine starke Organisation der Unternehmer wie auch der Arbeiter vorhanden ist, welche die Gewähr für Aufrechterhaltung und Durchführung des Vereinbarten bieten." (Zimmermann 1928, S. 9).

Wurde nach diesem offiziellen Beschluss des Gewerkschaftskongresses der Tarifvertrag auch nicht mehr grundsätzlich infrage gestellt, so blieb doch eine differenzierte Einschätzung innerhalb der sozialistischen Gewerkschaftsbewegung bestehen. Reformisten betrachteten Tarifverträge als willkommene Instrumente einer gegenwartsbezogenen Reformpolitik, während der marxistisch-revolutionäre Gewerkschaftsflügel insbesondere gegenüber der von den Buchdruckern praktizierten Form der „Tarifgemeinschaft" kritisch eingestellt blieb und den Tarifvertrag nur als einen zeitweiligen „Waffenstillstand im Klassenkampf" gelten lassen wollte (Enderle et al. 1967, S. 143 ff.).

Abgesehen von den weniger konzentrierten Wirtschaftszweigen, in denen die gewerkschaftliche Organisierung zudem erfolgreich war, wurde von der Kapitalseite, insbesondere in der Groß- und Schwerindustrie, der Tarifvertrag überwiegend negativ bewertet. Trotz der offensichtlichen Funktionsfähigkeit, die das Tarifvertragssystem in der Druck-, Bau- und Holzindustrie bei der Regelung von Konflikten und divergierenden Interessen offenbarte, lehnten die Unternehmer der Montan-, Textil- und Metallindustrie für ihre Betriebe das

Tarifvertragssystem ab – ja, einige Arbeitgeberverbände gingen so weit, ihre Mitglieder aufzufordern, bei der Vergabe von Druckaufträgen tarifgebundene Druckereien zu boykottieren (Ullmann 1977, S. 190). Der „Centralverband Deutscher Industrieller" versuchte sogar, wenn auch ohne Erfolg, einen Gegenverband zum tariftreuen „Deutschen Buchdruckerverein" zu etablieren (Küppers 2008, S. 230).

Obwohl die differenzierte und ausgeklügelte Gestaltung der Tarifverträge im Druckgewerbe und die zu ihrer Durchführung und Kontrolle geschaffenen Organe von zeitgenössischen Juristen als mustergültig und vorbildlich für andere Wirtschaftszweige und Berufsgruppen angesehen wurden und das Reichsgericht in einer Revisionsentscheidung 1910 den Tarifvertrag als rechtsverbindlichen Vertrag anerkannt hatte, gab es vor dem Ersten Weltkrieg im Deutschen Reich für etwa 85 % der beschäftigten Arbeiter keine tarifvertraglichen Regelungen für ihre Arbeitsverhältnisse. Die rapide Entwicklung des Tarifvertragswesens zwischen 1900 (330 gültige Tarifverträge) und 1913 (rund 11.000 gültige Tarifverträge) konzentrierte sich auf wenige Branchen des Handwerks und der Leicht- und Fertigwarenindustrie. Ende 1913 waren von den 1,4 Mio. Arbeitern, deren Arbeitsverhältnisse tarifvertraglich geregelt waren, rund drei Viertel in Betrieben mit weniger als 50 Personen beschäftigt und etwa die Hälfte in den drei Produktionszweigen Druck-, Bau- und Holzgewerbe tätig. In der Druckindustrie waren 53 %, im Baugewerbe 47 % und in der Holzindustrie 31 % der dort Beschäftigten tarifvertraglich geschützt (Kaiserlich Statistisches Amt 1914).

Die Tarifgegnerschaft der Großindustrie beruhte auf einer spezifischen Interessenlage, für die im Wesentlichen drei Momente ausschlaggebend waren: 1. Der mit dem ausgehenden 19. Jahrhundert sich vollziehende Übergang zur industriellen Massenproduktion brachte tiefgreifende Veränderungen der Arbeitsorganisation mit sich; bei diesen Umstrukturierungsprozessen wollten sich die Unternehmer ihre Autonomie nicht durch Tarifverträge einschränken lassen. 2. Aufgrund ihrer Größe und Marktstellung bedurfte die Großindustrie zur Kartellierung einzelner Branchen nicht des Umwegs über den Tarifvertrag. 3. Trotz der gegen Ende des 19. Jahrhunderts einsetzenden Reorganisation der Gewerkschaftsbewegung konnten die neuen Industrieverbände und Organisationen der Ungelernten in den Großbetrieben organisatorisch nur schwer Fuß fassen; dies nicht zuletzt wegen der aktiven Bekämpfung mittels schwarzer Listen, gelber Werksvereine etc. durch die Unternehmer. Die Groß- und Schwerindustrie bevorzugte aus produktions- und arbeitsorganisatorischen Gründen ihre eigenen, betriebsinternen Systeme zur Regelung der Arbeitsbeziehungen, auf die auch sie nicht verzichten konnte. Wenn das Tarifvertragssystem bilaterale Verhandlungen und

paritätische Konfliktregelungen kannte, dann waren die betrieblichen Regelungs-
systeme der Großindustrie unilateral, durch eine Mischung aus patriarchalischem
und autoritärem Führungsstil strukturiert.

Durchbruch in der Weimarer Republik

Erst unter dem Eindruck revolutionärer Strömungen gegen Ende des Ersten
Weltkriegs stellte sich bei den Groß- und Schwerindustriellen ein Sinneswan-
del ein. Nunmehr erschien deren Sprechern und Repräsentanten die Bildung
von Arbeitsgemeinschaften zwischen Arbeitgeberverbänden und Gewerkschaften, nach dem Vorbild der Tarifgemeinschaften, als Gebot der Stunde. Denn
die militärische Niederlage und die sich anschließende Novemberrevolution und
Rätebewegung hatten die politischen Kräfteverhältnisse im Deutschen Reich
grundlegend verändert.

Durch Verordnungen des „Rates der Volksbeauftragten", der ersten Reichs-
regierung nach dem Sturz des Kaiserreichs, wurden im November/Dezember
1918 der Achtstundentag proklamiert und die Rechtsgültigkeit (Unabdingbar-
keit) von Tarifverträgen sowie eine staatliche Schlichtungsordnung verkündet.
Mit der „Verordnung über Tarifverträge, Arbeiter- und Angestelltenausschüsse
und Schlichtung von Arbeitsstreitigkeiten" vom 23.12.1918 wurde erstmals ein
reichseinheitliches Tarifrecht geschaffen. Die vom Rat der Volksbeauftragten
ergriffenen Gesetzesmaßnahmen hatten im Wesentlichen nur ratifiziert, worauf
sich Gewerkschaftsführer und Industrielle bereits wenige Tage nach der Revolu-
tion in ihrer Vereinbarung über die *Zentralarbeitsgemeinschaft* (Stinnes-Legien-
Abkommen) geeinigt hatten (Krüger 2018). Obwohl eine solche Zusammenarbeit
zwischen den gegenseitigen Verbänden den expliziten Verzicht auf eine sofor-
tige Sozialisierung bedeutete, wertete die Führung der freien Gewerkschaften
diese Vereinbarung als großen Erfolg, als „Sieg von seltener Größe" (Correspon-
denzblatt der Generalkommision, zitiert nach Schönhoven 1987, S. 125), weil
damit die Arbeitgeberverbände anerkannten, was sie – als Gesamtheit – in der
Vorkriegsperiode noch abgelehnt hatten.

Freilich wurden diese Konzessionen zu einem Zeitpunkt gemacht, als den
Unternehmern Schlimmeres drohte: die Vergesellschaftung des Eigentums an Pro-
duktionsmitteln und die Verwaltung der Produktionsstätten durch gewählte Räte.
Da die sozialrevolutionären Ziele der Rätebewegung auch bei vielen Gewerk-
schaftern aktive Unterstützung gefunden hatten, lag es für die Arbeitgeberverbände nahe, sich mit der moderateren Gewerkschaftsführung zu arrangieren.

Der Vorsitzende des „Vereins Deutscher Eisen- und Stahlindustrieller", Geheimrat Hilger, warb bei seinen Kollegen für die Zentralarbeitsgemeinschaft mit dem Worten:

> „Ich bin einer der eifrigsten Verfechter des Nichtverhandelns mit den Gewerkschaften gewesen. Ich habe meinen Standpunkt vollständig aufgegeben. Meine Herren, Ich stehe heute vor Ihnen als ein aus einem Saulus gewordener Paulus. Wir kommen heute ohne die Verhandlungen mit den Gewerkschaften nicht weiter. Ja, meine Herren, wir wollen froh darüber sein, dass die Gewerkschaften in der Weise, wie sie es getan haben, sich noch bereit finden, mit uns zu verhandeln, denn nur durch die Verhandlungen speziell mit den Gewerkschaften, durch unser Abkommen mit den Gewerkschaften können wir Anarchie, Bolschewismus, Spartakusherrschaft und Chaos – wie man das nennen will – verhindern" (zitiert nach Feldman 1973, S. 86).

Wenn der damalige Vorsitzende des Dachverbandes der freien Gewerkschaften, Carl Legien, es als einen reinen Zufall bezeichnete, dass die Arbeitsgemeinschaftsvereinbarung zeitlich mit der Novemberrevolution zusammenfalle, so gab er sich damit einer Selbsttäuschung hin; schließlich hatten die Gewerkschaften vier Jahre zuvor, nach Kriegsbeginn, den Arbeitgebern das Angebot zur Bildung einer Arbeitsgemeinschaft gemacht, das aber zu jener Zeit schroff abgelehnt worden war.

Die Zentralarbeitsgemeinschaft und Tarifvertragsordnung läuteten ein neues Kapitel im Verhältnis zwischen Kapitel und Arbeit ein. Die Vereinbarung beinhaltete die uneingeschränkte Anerkennung von Gewerkschaften und Tarifverträgen durch die Arbeitgeber. Die Tarifvertragsordnung schrieb den Bestimmungen des Tarifvertrags eine unmittelbare und zwingende, d. h. gesetzesgleiche Wirkung zu. Vom Tarifvertrag abweichende, im Einzelarbeitsvertrag niedergelegte Bestimmungen galten als unwirksam, es sei denn, sie fielen zugunsten des Arbeitnehmers (Günstigkeitsprinzip) aus. Die Tarifvertragsordnung enthielt auch eine Schlichtungsordnung, die 1923 rechtlich neu gefasst wurde und letztlich auf eine staatliche Zwangsschlichtung hinauslief.

Obgleich die Trias von Koalitionsfreiheit, Tarifautonomie und Streikfreiheit in der Weimarer Republik formal etabliert worden war, blieb das Verhältnis von Gewerkschaften und Unternehmertum äußerst prekär. Tarifverhandlungen wurden selten noch mit einer Kompromisslösung der Tarifparteien, sondern immer häufiger mit einem staatlichen Schiedsspruch beendet. Vornehmlich die schwerindustriellen Unternehmer konnten sich mit einer gleichberechtigten Sozialpartnerschaft, wie sie die Zentralarbeitsgemeinschaft vorgezeichnet hatte, nicht anfreunden; Männer wie Fritz Thyssen hatten „ihren Herrenstandpunkt nie wirklich aufgegeben" (Küppers 2008, S. 262). Aber auch auf gewerkschaftlicher Seite lehnten radikale Gruppierungen die Zusammenarbeit mit dem „Klassenfeind" ab. In der größten Einzelgewerkschaft, dem „Deutschen Metallarbeiterverband" mit seinen 1,6 Mio. Mitgliedern, gewannen rätesozialistische Kräfte die Oberhand, die im Oktober 1919 einen Austritt aus der Zentralarbeitsgemeinschaft durchsetzten (ebd., S. 63).

Bestärkt wurden die antagonistischen Orientierungen der Akteure von Kapital und Arbeit durch die wirtschaftlichen Schwierigkeiten und politischen Turbulenzen der Weimarer Republik; wechselseitig blockierten sie sich darin, die kooperativen Potenziale jener neu entstandenen Institutionen zu nutzen, die sie zu einer paritätischen Sozialpartnerschaft einluden.

Der Historiker Knut Borchardt sieht in dem Misslingen der Tarifautonomie und dem Übergang zur staatlichen Lohnsetzung im System der Zwangsschlichtung „einen zentralen Sachverhalt des Scheiterns der [Weimarer] Republik" (zitiert nach Küppers 2008, S. 279).

Tarifautonomie und Sozialpartnerschaft nach 1945

Erst nach den katastrophalen Erfahrungen der Zerschlagung der Gewerkschaften und der Zerstörung aller demokratischen Strukturen durch die Nazidiktatur wurde ein Neubeginn nach dem Zweiten Weltkrieg möglich. Das noch vor der Konstituierung des Bundesrepublik Deutschland vom Frankfurter Wirtschaftsrat verabschiedete Tarifvertragsgesetz trat nach Billigung durch die Besatzungsmächte der Bi-Zone am 22. April 1949 in Kraft und wurde von der Bundesrepublik unverändert übernommen. Es basierte auf einem Entwurf der Gewerkschaften, den die SPD-Fraktion im Wirtschaftsrat eingebracht hatte (Nautz 1991). Dieses Grundgesetz für den Arbeitsmarkt garantierte auf Arbeitnehmerseite den Gewerkschaften das Tarifvertragsmonopol. Es ist in seinen Grundbestand bis heute gültig.

Gemeinsam mit der paritätischen Mitbestimmung in den Großunternehmen der Kohlen-, Eisen- und Stahlindustrie, die 1951 kodifiziert wurde, legte es die Grundlagen für eine sich in den Nachkriegsjahrzehnten herausbildende stabile Tarifpartnerschaft, in der Gewerkschaften und Arbeitgeberverbände paritätisch die Arbeits- und Beschäftigungsverhältnisse regeln.

Das erste Jahrzehnt der neuen Tarifautonomie gestaltete sich noch relativ konfliktreich, weil die Gewerkschaften erst die Praxis der jährlichen Lohnrunden gegen die Widerstände der Arbeitgeber durchsetzen mussten. Als prägende lohnpolitische Kompromisslinie setzte sich die Orientierung der Lohnerhöhungen an der gesamtwirtschaftlichen Produktivitätsentwicklung durch. Die „modifizierte

Produktivitätsregel" (auch „Meinhold-Formel"[1]), das heißt die Doppelanpassung der Löhne an die reale Produktivitätssteigerung und Preiserhöhung, wurde gegen den anfänglichen Widerstand von Arbeitgeberverbänden und Wirtschaftsministerium formell etabliert. Aus der Verknüpfung von Lohnpolitik mit Arbeitszeitpolitik (40-Stunden-Woche) resultierte eine Zentralisierung der Tarifpolitik auf beiden Seiten, wobei die Tarifverbände der Metallindustrie die Tarifführerschaft übernahmen. Die zentrale Tarifpolitik erwies sich als eine günstige Voraussetzung für die Periode der „Konzertierten Aktion" (1967–1977), in der die Lohnpolitik als Steuerungsgröße für die staatliche Konjunktur- und Wachstumspolitik instrumentalisiert wurde.

Von der adaptiven Flexibilität des Tarifsystems zeugte die sich anschließende Entwicklung der Tarifvertragsbeziehungen. Seit den 1970er Jahren bestimmten auch andere als Lohnfragen die tarifpolitischen Auseinandersetzungen: neben der Arbeitszeit waren es Vereinbarungen über Rationalisierungsfolgen, Fragen der Arbeitsorganisation und des Technikeinsatzes. Über diese Gegenstände kam es teilweise zu ausgedehnten Arbeitskämpfen, doch behielten diese einen Ausnahmecharakter; sie wurden gleichermaßen als Grundsatzkonflikte und Durchbruchaktionen geführt. Im Kampf um die 35-Stunden-Woche in der Metall- und Druckindustrie wurde mit der ersten Tarifeinigung (1984: 38,5-Stunden-Woche) zugleich eine flexible Handhabung der Tarifnorm als neues Prinzip vereinbart, der zufolge die tariflich vereinbarte wöchentliche Arbeitszeit nach bestimmten Kriterien innerhalb eines Korridors variiert werden konnte. Seither gibt es kaum noch tarifliche Vereinbarungen über Arbeitszeitverkürzungen, die nicht zugleich Flexibilisierungsoptionen für die Betriebe enthalten. Tarifpolitisch innovativ war auch die Einführung von *Härteklauseln,* die zunächst ostdeutschen Unternehmen zur Überbrückung von wirtschaftlichen Notlagen dienen sollten, indem sie ausgehandelte Leistungen und Bezüge reduzieren oder zeitlich verschieben konnten, mit der Gegenleistung eines Verzichts auf Entlassungen bzw. der Zusicherung von Beschäftigungssicherheit für eine bestimmte Zeitspanne. Nachdem sie in ostdeutschen Tarifgebieten erprobt worden waren, fanden sie mit der Zeit auch in westdeutschen Tarifverträgen ihren Niederschlag.

Tarifverträge mit Korridorlösungen und Öffnungsklauseln gehören mittlerweile zur üblichen Praxis. Allerdings ist die Öffnung des Tarifvertrags für die Abweichung von Tarifstandards an bestimmte Verfahren gebunden, bei denen

---

[1] Benannt nach dem Frankfurter Wirtschaftsprofessor Helmut Meinhold, der 1965 als Schlichter im Arbeitskampf zwischen der IG Metall und dem Arbeitgeberverband der Eisen- und Stahlindustrie als Richtschnur für Lohnerhöhungen zum einen den realen gesamtwirtschaftlichen Produktivitätsfortschritt, zum anderen die Steigerungsrate der Lebenshaltungskosten vorschlug.

die Tarifparteien in unterschiedlichem Ausmaß beteiligt werden: a) Härtefall-klauseln (Sonderregelung kann bei definierten wirtschaftlichen Härtefällen bel den Tarifparteien beantragt werden), b) Öffnungsklauseln mit Zustimmungsvor-behalt der Tarifparteien, c) Öffnungsklauseln ohne Zustimmungsvorbehalt und d) Kleinbetriebsklauseln. Die Öffnungsklauseln werden häufiger für die Arbeits-zeit als für das Entgelt in Anspruch genommen (Kohaut und Schnabel 2006, S. 8). Einen verbindlichen Rahmen für weitgehende Tarifvertragsöffnungen schu-fen die Tarifparteien der Metall- und Elektroindustrie Baden-Württembergs im sog. „Pforzheimer Abkommen" (2004).[2]

Rückblickend hat sich die Tarifautonomie mehr als sieben Jahrzehnte lang durch eine erstaunliche Anpassungs- und Wandlungsfähigkeit auf vielfältige Her-ausforderungen ausgezeichnet. Zu den Herausforderungen zählten die erste große Nachkriegsrezession 1966/67, die Ölpreiskrisen, die Wiedervereinigung, die Glo-balisierung, die Finanzkrise und die Corona-Krise. Mit teils umstrittenen, teils konsensuellen Veränderungen haben die Tarifakteure das Verhandlungssystem jeweils neu justiert.[3] Neben der Dezentralisierung (Verbetrieblichung) und Flexi-bilisierung der Tarifpolitik ist ihre Pluralisierung durch hinzukommende Berufs- und Spartengewerkschaften als neue Akteure hervorzuheben.

Als Ergebnisse von Lernprozessen sind die Neuerungen insofern zu verste-hen, als den Akteuren in ihren konfliktreichen Auseinandersetzungen bewusst wurde, dass auftretende Probleme mit den überkommenen Verhaltensmustern und den eingespielten institutionellen Arrangements nicht mehr (optimal) zu bewältigen waren. Zu ihren Lernprozessen gehörte auch die allmähliche und teilweise Umstellung von Nullsummenspielen auf Positivsummenspiele (Win–win-Konstellationen) im interaktiven Verkehr.

Zu beachten ist indessen, dass das Interessenverhältnis von Kapital und Arbeit grundsätzlich ein widersprüchliches bleibt, dass die Kooperation jederzeit in einen manifesten Interessenkonflikt, sprich in Streik und Aussperrung, umschla-gen kann, wobei das Institutionensystem freilich robust genug ist, um die Gefahr von bürgerkriegsähnlichen Auseinandersetzungen zu bannen. In diesem Sinne kann die Sozialpartnerschaft auch als eine zivilisierte „Konfliktpartnerschaft" (Müller-Jentsch 2016) angesehen werden.

---

[2] Das zunächst von den baden-württembergischen Tarifparteien vereinbarte Abkommen wurde in den diversen regionalen Tarifverträgen zur Beschäftigungssicherung der Branche übernommen.

[3] Für eine detailliertere Beschreibung dieser Prozesse s. Müller-Jentsch (2021, S. 185–208).

Die Tarifautonomie ist in Deutschland (generell in den westlichen Demokratien) ein gesichertes Rechtsgut, das den Arbeitsmarkt ordnet und strukturiert. Aber sie ist kein „fertig Ding". Sie steht weiterhin im Widerstreit der Interessen von Kapital und Arbeit. Es hängt von den jeweiligen Arbeitsmarktparteien ab, ob und wie sie die Tarifautonomie nutzen wollen oder können. Einem Arbeitgeber steht es frei, ob er Mitglied in einem tarifgebundenen Arbeitgeberverband wird und ob er mit einer Gewerkschaft einen Tarifvertrag abschließt („negative Koalitionsfreiheit"). Es hängt von der Stärke der zuständigen Gewerkschaft, ihrer Mitgliederzahl und deren Streikbereitschaft, ab, ob sie ihn mit legalen Kampfmitteln zum Abschluss eines Tarifvertrags zwingen kann.

Kampf um Anerkennung als Tarifvertragspartei

Wenngleich die großen Unternehmen und ihre Verbände in Deutschland sich mit den Gewerkschaften als gleichberechtigte Vertragspartner arrangiert haben, gibt es immer wieder einzelne Unternehmen, die auf ihrem einseitigen Vorrecht der Lohnfestsetzung bestehen. Nicht selten handelt es sich bei diesen Unternehmen um eines mit ausländischem Firmensitz oder vom Eigentümer geführtes Unternehmen. In der 1. Ausgabe dieser Schrift wurde auf zwei aktuelle Beispiele verwiesen.

(1) Die Gewerkschaft ver.di fordert von Versandhändler *Amazon* einen Tarifvertrag mit Bedingungen, wie sie im Einzel- und Versandhandel üblich sind.

Die Originalversion des Kapitels wurde revidiert. Ein Erratum ist verfügbar unter
https://doi.org/10.1007/978-3-658-39894-1_6

© Springer Fachmedien Wiesbaden GmbH, ein Teil von Springer Nature 2022,
korrigierte Publikation 2023
W. Müller-Jentsch, *Tarifautonomie*, essentials,
https://doi.org/10.1007/978-3-658-39894-1_5

Um dies zu erreichen, kam es seit April 2013 wiederholt zu Streikaktionen an verschiedenen der elf Standorte in Deutschland. Amazon bezahlt seine Arbeitskräfte nach dem niedrigeren Tariflohn für die Logistikbranche, lehnt es aber weiterhin grundsätzlich ab, einen Tarifvertrag für seine 14.500 Mitarbeiter abzuschließen. Ver.di will den Kampf um die Anerkennung als Tarifvertragspartei nicht aufgeben. Ein Erfolg blieb der Gewerkschaft bisher versagt,

(2) Die größte europäische Billigfluggesellschaft Ryanair mit Sitz in Irland hatte es jahrelang abgelehnt, mit Gewerkschaften Tarifverträge abzuschließen. Viele ihrer Piloten haben den Status von Scheinselbständigen; ein Zehntel ist in Deutschland stationiert. Ende 2017 wurde die Airline in Deutschland erstmals mit einem Warnstreik der Vereinigung Cockpit konfrontiert. Daraufhin änderte sie ihre Firmenpolitik und akzeptierte Tarifverhandlungen mit Cockpit für die deutschen festangestellten Piloten. Im Jahr 2019 vereinbarte Ryanair erstmals Tarifverträge sowohl für die 450 deutschen Piloten mit Cockpit[1] als auch für die 1100 Flugbegleiter in Deutschland mit ver.di.[2]

Tarifpluralität und Tarifkollision

Das Prinzip „Ein Betrieb – ein Tarifvertrag" stand bis zum Jahr 2010 in Deutschland außer Frage. In einem Grundsatzurteil verwarf das Bundesarbeitsgericht das Prinzip der Tarifeinheit. Seitdem ist es möglich, dass in einem Unternehmen mehrere Tarifverträge nebeneinander gelten.

Im Gesundheits- und Verkehrssektor haben seit Anfang dieses Jahrhunderts fünf Spartengewerkschaften (s. Tab. 3 in Kap. 2) ihre vormals bestehenden Tarifgemeinschaften mit Branchengewerkschaften des DGB aufgekündigt und eigenständige Tarifverträge durchgesetzt, bei denen es immer wieder zu Arbeitskämpfen kam (Keller 2020; Lesch 2016). Da diese Gewerkschaften in den jeweiligen Wirtschaftszweigen mit den DGB-Gewerkschaften um den Abschluss von Tarifverträgen konkurrieren, spricht der Gesetzgeber von Tarifkollision, die er mit einem *Tarifeinheitsgesetz* einzudämmen sucht. Die 2015 vom Bundestag verabschiedeten Gesetzesbestimmungen wurden als § 4a in das Tarifvertragsgesetz eingefügt (*siehe* Übersicht 3):

---

[1] Deutsche Ryanair-Piloten stimmen Tarifvertrag zu – airliners.de.

[2] Ver.di: Tarifvertrag für Flugbegleiter bei Ryanair perfekt (handelsblatt.com).

Übersicht 3: Neuer § 4a des Tarifvertragsgesetzes (in der Fassung vom 20. Mai 2020)

§ 4a Tarifkollision

(1) Zur Sicherung der Schutzfunktion, Verteilungsfunktion, Befriedungsfunktion sowie Ordnungsfunktion von Rechtsnormen des Tarifvertrags werden Tarifkollisionen im Betrieb vermieden.

(2) Der Arbeitgeber kann nach § 3 an mehrere Tarifverträge unterschiedlicher Gewerkschaften gebunden sein. Soweit sich die Geltungsbereiche nicht inhaltsgleicher Tarifverträge verschiedener Gewerkschaften überschneiden (kollidierende Tarifverträge), sind im Betrieb nur die Rechtsnormen des Tarifvertrags derjenigen Gewerkschaft anwendbar, die zum Zeitpunkt des Abschlusses des zuletzt abgeschlossenen kollidierenden Tarifvertrags im Betrieb die meisten in einem Arbeitsverhältnis stehenden Mitglieder hat (Mehrheitstarifvertrag); wurden beim Zustandekommen des Mehrheitstarifvertrags die Interessen von Arbeitnehmergruppen, die auch von dem nach dem ersten Halbsatz nicht anzuwendenden Tarifvertrag erfasst werden, nicht ernsthaft und wirksam berücksichtigt, sind auch die Rechtsnormen dieses Tarifvertrags anwendbar. Kollidieren die Tarifverträge erst zu einem späteren Zeitpunkt, ist dieser für die Mehrheitsfeststellung maßgeblich. Als Betriebe gelten auch ein Betrieb nach § 1 Absatz 1 Satz 2 des Betriebsverfassungsgesetzes und ein durch Tarifvertrag nach § 3 Absatz 1 Nr. 1 bis 3 des Betriebsverfassungsgesetzes errichteter Betrieb, es sei denn, dies steht den Zielen des Absatzes 1 offensichtlich entgegen. Dies ist insbesondere der Fall, wenn die Betriebe von Tarifvertragsparteien unterschiedlichen Wirtschaftszweigen oder deren Wertschöpfungsketten zugeordnet worden sind.

(3) Für Rechtsnormen eines Tarifvertrags über eine betriebsverfassungsrechtliche Frage nach § 3 Absatz 1 und § 117 Absatz 2 des Betriebsverfassungsgesetzes gilt Absatz 2 Satz 2 nur, wenn diese betriebsverfassungsrechtliche Frage bereits durch Tarifvertrag einer anderen Gewerkschaft geregelt ist.

(4) Eine Gewerkschaft kann vom Arbeitgeber oder von der Vereinigung der Arbeitgeber die Nachzeichnung der Rechtsnormen eines mit ihrem Tarifvertrag kollidierenden Tarifvertrags verlangen. Der Anspruch auf Nachzeichnung beinhaltet den Abschluss eines die Rechtsnormen des kollidierenden Tarifvertrags enthaltenden Tarifvertrags, soweit sich die Geltungsbereiche und Rechtsnormen der Tarifverträge überschneiden. Die

Rechtsnormen eines nach Satz 1 nachgezeichneten Tarifvertrags gelten unmittelbar und zwingend, soweit der Tarifvertrag der nachzeichnenden Gewerkschaft nach Absatz 2 Satz 2 nicht zur Anwendung kommt.

(5) Nimmt ein Arbeitgeber oder eine Vereinigung von Arbeitgebern mit einer Gewerkschaft Verhandlungen über den Abschluss eines Tarifvertrags auf, ist der Arbeitgeber oder die Vereinigung von Arbeitgebern verpflichtet, dies rechtzeitig und in geeigneter Weise bekanntzugeben. Eine andere Gewerkschaft, zu deren satzungsgemäßen Aufgaben der Abschluss eines Tarifvertrags nach Satz 1 gehört, ist berechtigt, dem Arbeitgeber oder der Vereinigung von Arbeitgebern ihre Vorstellungen und Forderungen mündlich vorzutragen.

Dem im Juli 2015 in Kraft getretenen Gesetz zufolge soll in einem Betrieb immer nur der Tarifvertrag einer einzigen Gewerkschaft, der mit den meisten Mitgliedern, gelten. Nachdem verschiedene Spartengewerkschaften beim Bundesverfassungsgericht Beschwerde eingereicht haben, mit der Begründung, das Gesetz verstoße gegen die grundgesetzlich gesicherte Koalitionsfreiheit, hat das Gericht eine Nachbesserung zum Schutz der Interessen der kleineren Gewerkschaften gefordert. Dem kam der Gesetzgeber mit einer Neufassung nach (s. Übersicht 3), für Nichtjuristen weiterhin eine „harte Nuss". Als Quintessenz sieht diese konkret vor, dass neben dem Tarifvertrag der Mehrheitsgewerkschaft auch Normen des Minderheitstarifvertrags anwendbar sein sollen, wenn sonst Interessen Einzelner nicht berücksichtigt würden.

Nachdem das Bundesverfassungsgericht eine erneute Beschwerde zurückgewiesen hatte (Urteil vom 19. Mai 2020), klagten der Marburger Bund, die Gewerkschaft der Lokführer und der Deutsche Beamtenbund vor dem Europäischen Gerichtshof für Menschenrechte in Straßburg. Aber auch dieser wies die Klage mit Urteil vom 5. Juli 2022 zurück.

Abnehmende Tarifbindung

Seit Mitte der 1990er Jahre verzeichnen Gewerkschaften und Arbeitgeberverbände Mitgliederverluste; als deren Folge nimmt die Tarifbindung der Beschäftigten und Betriebe ab. Viele Arbeitgeberverbände ermöglichen Unternehmen, die keine Tarifbindung wünschen, in separaten sogenannten OT(= ohne Tarif)-Verbänden Mitglied zu werden. Mit dem Indikator der „tarifvertraglichen

Tab. 5.1 Tarifvertragliche Deckungsrate, 1998–2021

Tarifbindung (Flächen- und Firmentarifverträge)	1998	2021
In % der Beschäftigten Westdeutschlands	76	54
Ostdeutschlands	63	45
In % der Betriebe Westdeutschlands	53	27
Ostdeutschlands	33	18

Quellen: IAB-Betriebspanel; Ellguth und Kohaut 2022

Deckungsrate" können wir Umfang und Reichweite der beiden Tarifvertragsarten (Flächen- bzw. Verbandstarifvertrag und Firmen- bzw. Haustarifvertrag) messen. Der Flächentarifvertrag ist der Regeltarifvertrag: unter seine Domäne fallen weitaus mehr Betriebe und Beschäftigte als unter der des Firmentarifvertrags.

Wie die Entwicklung der tariflichen Deckungsrate seit 1998 zeigt (s. Tab. 5.1), ist ihr Rückgang erheblich.

Zwar werden in Westdeutschland die Beschäftigungsverhältnisse noch von 54 % und in Ostdeutschland von 45 % der beschäftigten Arbeitnehmer durch einen Flächen- oder Firmentarifvertrag geregelt. Die Tarifbindung der Betriebe ist auf 27 % aller Betriebe (ab 1 Beschäftigten) im Westen und auf 18 % im Osten gesunken. Vornehmlich die Klein- und Mittelbetriebe sind ohne Tarifbindung. Wenig tröstlich für die Gewerkschaften ist der Befund, dass sich ein Großteil der nichttarifgebundenen Arbeitgeber an geltenden Tarifverträgen orientiert. Denn wie eine Untersuchung des Instituts für Mittelstandsforschung an der Universität Mannheim erbrachte, liegen die Löhne und Gehälter in tariforientierten Betrieben durchschnittlich um 24,6 % unter denen in tarifgebundenen Betrieben. Tariforientierte Betriebe sind daher tariffernen Betrieben wesentlich ähnlicher als Betrieben innerhalb des Tarifsystems (Berwing 2016, S. 88, 91 f.).

Die Tarifbindung könnte durch ein bundesweites Tariftreuegesetz, das im Koalitionsvertrag der Ampel-Regierung angekündigt wird, ein Stück weit stabilisiert werden. Nach dem Vorbild einiger Landes-Tariftreuegesetze, vornehmlich dem des Saarlands, würde der Bund nur noch Aufträge an Firmen vergeben dürfen, die sich an repräsentative Tarifverträge der jeweiligen Branche halten.

Auch eine neue EU-Mindestlohn-Richtlinie verlangt von den Mitgliedstaaten, nationale Aktionspläne zu erstellen, um die Tarifverhandlungsquote in der Belegschaft zu erhöhen, wenn sie unter 80 % liegt. In den meisten EU-Staaten liegt die Tarifverhandlungsquote deutlich unter 80 %. Das bedeutet, dass diese Mitgliedstaaten nun Wege finden müssen, um ihre Quote zu erhöhen, was auch eine

Stärkung der Gewerkschaften erfordert. Bereits vor der endgültigen Verabschiedung der Richtlinie verkündete der deutsche Arbeitsminister Heil, dass er ein „Paket zur Stärkung der Tarifbindung" vorlegen will (Süddeutsche Zeitung vom 30.09.2022).

Die Christlich-Demokratische Arbeitnehmerschaft der CDU forderte auf dem 35. CDU-Parteitag 2022:

> „Soziale Marktwirtschaft braucht ein dichtes Netz an geltenden Tarifverträgen, die den Arbeitsmarkt im Sinne der Arbeitnehmer und Unternehmen ordnen. Unser Ziel ist eine Tarifbindung von mindestens 80 Prozent."[3]

Unternehmensnetzwerke

Eine weitere Problemzone für die tarifpolitische Interessenvertretung sind die sich ausbreitenden Unternehmensnetzwerke, die keine klaren Organisationsgrenzen und auch keine Entscheidungszentralisation kennen, weshalb diese Organisationsform quer zu den institutionalisierten Systemen der Tarifautonomie und Mitbestimmung stehen (Sydow und Wirth 1999). Da Unternehmensnetzwerke nicht an Branchengrenzen halt machen, bleiben auch tarifvertragliche Regelungen insbesondere für die peripheren Bereiche des Netzes (z. B. für branchenfremde Zulieferer) häufig unwirksam. Besonders machtvollen Interessenvertretungen gelingt es jedoch zuweilen netzwerkbezogene Standards (wie z. B. Tarifbindung und die Gründung von Betriebsräten in den Netzwerkunternehmungen) durchzusetzen (Duschek und Wirth 1999 mit einem entsprechenden Beispiel). Die IG Metall hat auf die Problematik netzwerkförmiger Wertschöpfung mit der formelhaften Zielformulierung reagiert: „Eine Wertschöpfungskette – ein Tarifvertragssystem – eine IG Metall" (Wetzel 2014, S. 18). Bislang gibt es jedoch noch keinen Tarifvertrag für eine ganze Wertschöpfungskette mit ihren beteiligten Unternehmen.

Verbetrieblichung der Tarifpolitik

Die Tarifparteien haben seit Mitte der 1980er Jahre schrittweise das Tarifvertragssystem flexibilisiert und dezentralisiert. Mittlerweile gehören Tarifverträge

---

[3] Antrag Nr. C 1 CDA „Wir wollen 80 %".

mit Korridorlösungen und Öffnungsklauseln zur üblichen Praxis. Beim Tarifkorridor gibt der Tarifvertrag einen Rahmen vor (z. B. variable Wochenarbeitszeit zwischen 30 und 40 h, bei durchschnittlich 35 h), im zweiten Fall enthält der Tarifvertrag eine Öffnungsklausel für ergänzende Betriebsvereinbarungen der Betriebsparteien. Wissenschaftler der Hans-Böckler-Stiftung unterscheiden zwischen kontrollierter und „wilder" Dezentralisierung:

> „Die *kontrollierte Dezentralisierung*, bei der die Tarifvertragsparteien, etwa in Form von Öffnungsklauseln, bestimmte Regelungsfunktionen direkt den Betriebsparteien übertragen oder auf überbetrieblicher Ebene bestimmte Konditionen definieren, unter denen die betrieblichen Akteure von den tariflichen Standards abweichen dürfen.

> Die *‚wilde' Dezentralisierung*, bei der einzelne Unternehmen aus den geltenden tarifvertraglichen Regelungen ‚aussteigen', sei es in Form eines offiziellen Austritts aus der Verbands- bzw. Tarifbindung, sei es durch betriebliche Vereinbarungen, die faktisch bestehende Tarifstandards unterlaufen." (Bispinck und Schulten 1999, S. 198).

Bei der kontrollierten Dezentralisierung können Abweichungen von tarifvertraglichen Regelungen die Form der *Differenzierung* (für bestimmte Beschäftigtengruppen, Branchen oder Betriebe) oder der *Absenkung* unter definierten Bedingungen annehmen. Eine Betriebsräte-Befragung des Wirtschafts- und Sozialwissenschaftlichen Instituts (WSI) in der Hans-Böckler-Stiftung ermittelte für 2015 die Inanspruchnahme von tariflichen Öffnungs- und Differenzierungsklauseln in rund einem Fünftel aller tarifgebundenen Betrieben mit über 20 Beschäftigten, die über einen Betriebsrat verfügten (Amlinger und Bispinck 2016, Tab. 7). Das Betriebspanel des Instituts für Arbeitsmarkt- und Berufsforschung (IAB) kam zu ähnlichen Ergebnissen. Ihm zufolge haben 28 % aller tarifgebundenen Betriebe (ab 5 Beschäftigten) im Tarifvertrag eine Öffnungsklausel stehen, die indessen nur von 20 % der Betriebe genutzt wurde (Ellguth und Kohaut 2014, S. 442).

Mit der Dezentralisierung der Tarifpolitik geben die Tarifvertragsparteien Handlungs- und Gestaltungskompetenzen an die Betriebsparteien ab, mit noch nicht absehbaren Konsequenzen für die bewährte Arbeitsteilung zwischen gewerkschaftlicher Tarifpolitik und betrieblicher Mitbestimmung. In einer von Ökonomen und marktliberalen Rechtsexperten ausgelösten Debatte wird sogar empfohlen, den Betriebsräten auch Verhandlungen über Arbeitsentgelte zu überlassen, die nach § 77, Abs. 3 des Betriebsverfassungsgesetzes bisher ausschließlich den Tarifparteien vorbehalten sind. Damit würde der „Tarifvorrang" zur Disposition gestellt, ohne zu bedenken, dass in der Konsequenz den Betriebsräten dann auch das für die Tarifautonomie konstitutive Streikrecht eingeräumt

werden müsste. Dies würde freilich das in Jahrzehnten bewährte „duale System"
der Interessenvertretung von Gewerkschaften und Betriebsräten zerstören.

Die Betriebsräte beurteilen die Gewichtsverlagerung der Tarifpolitik zum
Betrieb ambivalent; den Kompetenzzuwachs erfahren sie häufig als Überforde-
rung mit der Gefahr der Erpressbarkeit durch den Arbeitgeber. Positive Seiten
gewinnt dieser Entwicklung der Sozialwissenschaftler Reinhard Bahnmüller ab:

> „Öffnungsklauseln sind zum akzeptierten Bestandteil der industriellen Beziehun-
> gen geworden. [...] Man hat gelernt, mit ihnen umzugehen. Und aus diesem Ler-
> nen ist etwas Neues, nicht Intendiertes und zunächst auch nicht im Blick gekom-
> menes entstanden: Strategieansätze zur Revitalisierung der Gewerkschaften durch
> eine offensive, beteiligungsorientierte und betriebsnahe Tarifpolitik, sowie Impulse
> zu einer stärkeren ‚Vergewerkschaftlichung' von Betriebsräten [...]" (Bahnmüller
> 2015a, S. 48).

Europäische Tarifpolitik

Durch die Vereinheitlichung nationaler Währungen in der Euro-Zone wird der
Lohnpolitik eine zentrale Bedeutung für die Gewährleistung nationaler Wettbewerbsfähigkeit zugeschrieben. Die stärkere Vernetzung der Gewerkschaften
über nationale Landesgrenzen hinweg ist ein probates Mittel, um auf diese
Herausforderung angemessen zu reagieren, das heißt, um Harmonisierungen
in der Tarifpolitik herbeizuführen, die grenzüberschreitendes Lohndumping zu
verhindern sucht.

Wegen des grundsätzlichen Widerstands der Arbeitgeber gegen europaweite
Tarifverträge ist jedoch in absehbarer Zeit nicht mit einer europäischen Tarifpolitik zu rechnen. Die im „Europäischen Gewerkschaftsbund" (EGB) zusammengeschlossenen nationalen Gewerkschaften aus den europäischen Ländern (nicht
nur der EU) haben daher seit Mitte der 1990er Jahre Initiativen zur europawei-
ten Koordinierung und Vernetzung nationaler Tarifpolitiken ergriffen. Die vom
EGB ausgegebene lohnpolitische Koordinationsregel lautet: Doppelanpassung
der Löhne an die Preissteigerungs- und die gesamtwirtschaftliche Produktivi-
tätsrate (Schulten 2001, S. 24). Doch die Initiativen für eine transnationale
Lohnkoordinierung zeigen bisher nur einen begrenzten Erfolg (Seeliger 2017).
Es blieb bei Absichtserklärungen, die der institutionellen Verankerung und der
Sanktionsmöglichkeiten entbehren.

Schlusswort

Ohne die Tarifautonomie, das dürfte den vorstehenden Ausführungen zu entnehmen sein, ginge es in der Gesellschaft ungerechter zu und litte die Demokratie an einem gravierenden Defizit. Der einzelne Arbeitnehmer wäre wieder ungeschützt der ökonomischen Übermacht des Arbeitgebers ausgesetzt. Gestützt wird die Tarifautonomie durch den Sozialstaat; wo dieser schwach entwickelt ist, schwächelt auch sie. Die USA sind hier warnendes Beispiel. „Verschwinden Amerikas Gewerkschaften?" überschrieb die *Frankfurter Allgemeine Zeitung* (vom 02.03.2015) einen Artikel, demzufolge in der Privatwirtschaft nur noch weniger als sieben Prozent der Arbeitnehmer gewerkschaftlich organisiert sind, gegenüber einem Drittel in den 1950er Jahren. Manche der amerikanischen Staaten haben die gewerkschaftliche Betätigungsfreiheit zudem gesetzlich eingeschränkt; die gewerkschaftsfreien Südstaaten sind zu einem bevorzugten Standort ausländischer Investoren geworden. Die Sozialphilosophin Elizabeth Anderson charakterisiert amerikanische Unternehmen als „Kommunistische Diktaturen in unserer Mitte" (2017, S. 79).

Aber, wie die vorgängig geschilderten aktuellen Probleme zeigen, ist die Tarifautonomie auch in unserer Sozialen Marktwirtschaft Gefährdungen ausgesetzt. Im Fokus steht dabei der tendenzielle Rückgang der tarifvertraglichen Bindung. Zwar werden die Beschäftigungsverhältnisse noch für die Hälfte der deutschen Arbeitnehmer durch Tarifverträge geregelt, aber sollte die rückläufige Tendenz nicht gebremst werden, wird die Lage für Gewerkschaften und Arbeitnehmer prekär. Die Gewerkschaften drängen, das Instrument der Allgemeinverbindlicherklärung von Tarifverträgen zu reformieren. Doch noch halten die Arbeitgeber dagegen.

Es gibt zwei Wege zu hoher Tarifverbindlichkeit. Der eine ist der skandinavische, der auf die eigene Kraft der Gewerkschaften vertraut. In Schweden zum Beispiel sind die Arbeitnehmer zu 70 % gewerkschaftlich organisiert und zu 88 % durch Tarifverträge abgesichert. Neben dem starken Sozialstaat ist es das Gent-System (Verwaltung der Arbeitslosenversicherung durch die Gewerkschaften), das den hohen gewerkschaftlichen Organisationsgrad begünstigt.

Der andere Weg ist der französische, bei dem der Staat zum Garanten hoher Tarifverbindlichkeit gemacht wird. Die französischen Arbeitnehmer sind zwar nur zu acht Prozent gewerkschaftlich organisiert, aber zu 98 % tarifvertraglich abgesichert. Branchentarifverträge werden in aller Regel vom französischen Arbeitsministerium für allgemeinverbindlich erklärt und damit auf alle Arbeitgeber der Branche ausgeweitet.

Deutschland befindet sich in einer Mittellage. In den industriellen Kernbereichen (Metallverarbeitung, Maschinenbau, Elektro- und Chemieindustrie), im

Finanzsektor und im öffentlichen Dienst sind die zuständigen Gewerkschaften weiterhin in der Lage, flächendeckende Tarifverbindlichkeit herzustellen; in der Bauwirtschaft und in den privaten Dienstleistungen sind sie auf die staatliche Unterstützung angewiesen.

Nun können Tarifverträge in Deutschland nur mit Zustimmung der Arbeitgebervertreter für allgemeinverbindlich erklärt werden. Selbst wenn Gewerkschaft und Arbeitgeberverband gemeinsam beantragen, einen für ihren Wirtschaftszweig abgeschlossenen Tarifvertrag als allgemeinverbindlich zu erklären, können die Arbeitgebervertreter des Dachverbands (BDA) dagegen votieren. Nachvollziehbar ist, dass die Gewerkschaften ihre Bemühungen verstärkt haben, um diese restriktive Praxis aufzugeben, bislang jedoch ohne nennenswerten Erfolg. Um tarifunwillige Arbeitgeber zu Tarifverhandlungen zu bewegen, bleibt ihnen nur das Mittel des „Häuserkampfes", das heißt diese Unternehmen zu bestreiken oder sie mit anderen Kampf- und Einschüchterungsmethoden an den Verhandlungstisch zu zwingen (wie sie es derzeit bei Amazon versuchen). Fehlt dann noch der Rückhalt durch Mitglieder in den betreffenden Unternehmen, bleibt dies ein hoffnungsloses Unterfangen. Wie beim Mindestlohn wird der Staat auch hier gefordert, kompensatorisch jene Lücken im Tarifvertragssystem zu schließen, die von den Gewerkschaften nicht mehr geschlossen werden können. Eine unerwartete Schützenhilfe erhalten die Gewerkschaften durch die neue Mindestlohn-Richtlinie der EU, die die Mitgliedsländer verpflichtet, nationale Aktionspläne zu erstellen, um die Tarifverhandlungsquote zu erhöhen, wenn sie unter 80 % liegt. Für Deutschland ist das ein ehrgeiziges Ziel, das indessen nur mit einer kooperationswilligen Regierungskoalition zu erreichen sein wird.

Erratum zu:
W. Müller-Jentsch, *Tarifautonomie*, essentials,
https://doi.org/10.1007/978-3-658-39894-1

Die originale Version dieses Buches wurde mit stilistischen Fehlern im Layout und der Tabellendarstellung bei den Kapiteln 1, 2 und 5 publiziert. Dies ist nun korrigiert.

Die korrigierten Versionen der Kapitel sind verfügbar unter
https://doi.org/10.1007/978-3-658-39894-1_1
https://doi.org/10.1007/978-3-658-39894-1_2
https://doi.org/10.1007/978-3-658-39894-1_5

© Springer Fachmedien Wiesbaden GmbH, ein Teil von Springer Nature 2023
W. Müller-Jentsch, *Tarifautonomie*, essentials,
https://doi.org/10.1007/978-3-658-39894-1_6

Was Sie aus diesem *essential* mitnehmen können

- Warum die Tarifautonomie eine den sozialen Frieden befördernde Institution ist und den Arbeitnehmer zum gleichwertigen Marktteilnehmer und gleichberechtigen Staatsbürger macht.
- Wie die Tarifautonomie den Arbeitsmarkt durch paritätische Vereinbarungen zwischen den Arbeitsmarktpartien Gewerkschaften und Arbeitgeber(verbände) ordnet und nachhaltig strukturiert.
- Warum die Tarifautonomie konstitutives Element der Sozialen Marktwirtschaft ist, ihre Gründungsvater aber die *Kartellordnung* von Arbeitsmarkt und Tarifautonomie nicht (an)erkannten.
- Wie aus der wechselvollen und konfliktreichen Geschichte ihrer Entstehung und ihrer Weiterentwicklung die für die deutschen Arbeitsbeziehungen charakteristische Sozialpartnerschaft hervorging.
- Mit welchen aktuellen Problemen die Tarifautonomie heute konfrontiert ist.

© Springer Fachmedien Wiesbaden GmbH, ein Teil von Springer Nature 2022
W. Müller-Jentsch, *Tarifautonomie*, essentials,
https://doi.org/10.1007/978-3-658-39894-1

Literatur

Amlinger, Marc/Bispinck, Reinhard (2016): Dezentralisierung der Tarifpolitik – Ergebnisse der WSI-Betriebsrätebefragung 2015. In: WSI-Mitteilungen 69 (3): 211–223

Anderson, Elizabeth (2017): Private Regierung, Berlin

Bahnmüller, Reinhard (2015a): Verschlungene Pfade der Tarifpolitik. Das Forum im Spannungsfeld der Tarifdebatten vor und nach Pforzheim. In: Dieter Knauß (Hg.): Debattenkultur jenseits von Gremien. 25 Jahre Mosaik-Linke in Beutelsbach: Das Walter Kuhn Forum. Hamburg: 44–48

Bahnmüller, Reinhard (2015b): Tarifvertragliche Weiterbildungsregulierung in Deutschland. Formen, Effekte und Perspektiven für überbetriebliche Weiterbildungsfonds. In: K. Berger/R. Jaich/B. Mohr/S. Kretschmer/D. Moraal/U. Nordhaus (Hg.): Sozialpartnerschaftliches Handeln in der betrieblichen Weiterbildung. Bonn: 61–78

Bahnmüller, Reinhard/Fischbach, Stefanie (2004): Der Qualifizierungstarifvertrag für die Metall- und Elektroindustrie in Baden-Württemberg. In: WSI-Mitteilungen 57 (4): 182–189

Berwing, Stefan (2016): Tariforientierung in Deutschland – zwischen Tariflandschaft und Tariföodnis. Mannheim

Biedenkopf, Kurt (1964): Grenzen der Tarifautonomie. Karlsruhe

Bispinck, Reinhard (2006): Abschied vom Flächentarifvertrag? Der Umbruch in der deutschen Tariflandschaft. In: WSI-Tarifhandbuch 2006: 41–66

Bispinck, Reinhard/Schulten, Thorsten (1999): Flächentarifvertrag und betriebliche Interessenvertretung. In: Walther Müller-Jentsch (Hg.): Konfliktpartnerschaft. Akteure und Institutionen der industriellen Beziehungen. 3. Auflage. München/Mering: 185–212

Briefs, Goetz (1927): Gewerkschaftswesen und Gewerkschaftspolitik. In: Handwörterbuch der Staatswissenschaften. 4. Auflage. Bd. 4: 1108–1150

Briefs, Goetz (1952): Zwischen Kapitalismus und Syndikalismus. Die Gewerkschaften am Scheideweg. Bern

Burkhardt, Richard (1974): Ein Kampf ums Menschenrecht. Hundert Jahre Tarifpolitik der IG Druck und Papier und ihrer Vorgängerorganisationen seit 1873. Stuttgart

Däubler, Wolfgang (2006): Das Arbeitsrecht 1. 16. Auflage. Reinbek bei Hamburg

Duschek, Stephan/Wirth, Carsten (1999): Mitbestimmte Netzwerkbildung – Der Fall einer außergewöhnlichen Dienstleistungsunternehmung. In: Industrielle Beziehungen 6 (1): 73–110

© Springer Fachmedien Wiesbaden GmbH, ein Teil von Springer Nature 2022
W. Müller-Jentsch, *Tarifautonomie*, essentials,
https://doi.org/10.1007/978-3-658-39894-1

Ellguth, Peter/Kohaut, Susanne (2014): Öffnungsklauseln – Instrument zur Krisenbewälti-
gung oder Steigerung der Wettbewerbsfähigkeit? In: WSI-Mitteilungen 67 (6): 439–449

Ellguth, Peter/Kohaut, Susanne (2022): Tarifbindung und betriebliche Interessenvertretung.
Ergebnisse aus dem IAB-Panel 2021. In: WSI-Mitteilungen 75 (4): 328–336

Enderle, August/Schreiner, Heinrich/Walcher, Jakob/Weckerle, Eduard (1967) [zuerst 1932]:
Das rote Gewerkschaftsbuch. Reprint. Frankfurt/M.

Eucken, Walter. 2004 [1952]: Grundsätze der Wirtschaftspolitik. 7. Aufl. Tübingen

Eucken, Walter 2008 [1947]: Über die zweifache wirtschaftspolitische Aufgabe der Natio-
nalökonomie. In: N. Goldschmidt/M. Wohlgemuth (Hg): Grundtexte zur Freiburger Tra-
dition der Ordnungsökonomik. Tübingen: 133–151

Europäische Kommission (2015): Industrial Relations in Europe 2014. Brüssel

Feldman, Gerald D. (1973): The Origins of the Stinnes-Legien Agreement. A Documenta-
tion. In: Internationale Wissenschaftliche Korrespondenz zur Geschichte der deutschen
Arbeiterbewegung (IWK) 19/20: 45–103

Goldschmidt, Nils (2005): Die Tarifautonomie in der Sozialen Marktwirtschaft. Reihe „Kir-
che und Gesellschaft" Nr. 317. Köln

Habermas, Jürgen (1981): Theorie des kommunikativen Handelns. Bd. 2: Zur Kritik der
funktionalistischen Vernunft. Frankfurt/M.

Haucap, Justus/Pauly Uwe/Wey, Christian (2007): Das deutsche Tarifkartell: Entstehung,
Stabilität und aktuelle Reformvorschläge aus Sicht der Wettbewerbstheorie. In: Renate
Ohr (Hg.): Arbeitsmarkt und Beschäftigung. Schriften des Vereins für Socialpolitik. Neue
Folge Band 318. Berlin: 93–143

Höpfner, Clemens/Lesch, Hagen/Schneider, Helena/Vogel, Sandra (2021): Tarifautonomie
und Tarifgeltung. Zur Legitimation und Legitimität der Tarifautonomie im Wandel der
Zeit. Berlin

IG Metall (2014): Beteiligungsorientierte Erfahrungen mit zehn Jahren Pforzheimer Abkommen. Mitbestimmungs- und Beteiligungskongress der IG Metall (FORUM 3.A.). Mannheim 6.11.2014

Kaiserlich Statistisches Amt (Abteilung für Arbeiterstatistik) (1914): Die Tarifverträge im
Deutschen Reiche am Ende des Jahres 1913. 10. Sonderheft zum Reichs-Arbeitsblatte

Keller, Berndt (1985): Schlichtung als autonomes Regelungsverfahren der Tarifvertragsparteien. In: Günter Endruweit/Eduard Gaugler/Wolfgang H. Staehle/Bernhard Wilpert
(Hg.): Handbuch der Arbeitsbeziehungen. Berlin: 119–130

Keller, Berndt (2020): Berufsgewerkschaften als autonome Akteure der Tarifpolitik. Konsequenzen für das System etablierter Arbeitsbeziehungen. In: Industrielle Beziehungen 27
(4): 437–460

Krüger, Dieter (2018): Das Stinnes-Legien-Abkommen 1918-1924. Voraussetzungen, Entstehung, Umsetzung und Bedeutung. Berlin

Küppers, Arndt (2008): Gerechtigkeit in der modernen Arbeitsgesellschaft und Tarifautonomie. Paderborn

Küppers, Arndt (2022): Tarifautonomie, I. Wirtschaftlich. Version 08.06.2022, 09:10 Uhr,
in: Staatslexikon[8] online, URL: https://www.staatslexikononline.de/Lexikon/Tarifauto
nomie (abgerufen: 30.06.2022)

Lenz, Katrin/Voß, Anja (2009): Analyse und Praxiserfahrung zum Qualifizierungstarifvertrag der Metall- und Elektroindustrie NRW. Düsseldorf

Lesch, Hagen (2016) Spartengewerkschaften: Abspaltungsmotive, Lohnpolitik und Konflikt-verhalten. In: Zeitschrift für Politikwissenschaft, 26 (3): 1–20

Marshall, Thomas H. (1992): Staatsbürgerrechte und soziale Klassen. In: Ders.: Bürgerrechte und soziale Klassen. Zur Soziologie des Wohlfahrtsstaates. Frankfurt/M.: 33–94

Müller-Armack, Alfred (1956): Soziale Marktwirtschaft. In: Handwörterbuch der Sozialwissenschaften. Bd. 9: 390–392

Müller-Armack, Alfred (1966): Wirtschaftsordnung und Wirtschaftspolitik. Studien und Konzepte zur Sozialen Marktwirtschaft und zur Europäischen Integration. Freiburg

Müller-Jentsch, Walther (1997): Soziologie der Industriellen Beziehungen. 2. Auflage. Frankfurt/M.

Müller-Jentsch, Walther (2008): Arbeit und Bürgerstatus. Studien zur sozialen und industriellen Demokratie. Wiesbaden

Müller-Jentsch, Walther (2009): Technik als Bedrohung? Fotosatz und Computertechnologie in der Druckindustrie. In: Haus der Geschichte der Bundesrepublik Deutschland (Hg.): Hauptsache Arbeit. Wandel der Arbeitswelt nach 1945 (Begleitbuch zur Ausstellung im Haus der Geschichte der Bundesrepublik Deutschland, Bonn, 2. Dezember 2009 bis 5. April 2010). Bielefeld: 94–101

Müller-Jentsch, Walther (2016): Konfliktpartnerschaft und andere Spielarten der industriellen Beziehungen. In: Industrielle Beziehungen 23 (4): 518–531

Müller-Jentsch, Walther (2017): Strukturwandel der industriellen Beziehungen. „Industrial Citizenship" zwischen Markt und Regulierung. 2. Auflage. Wiesbaden

Müller-Jentsch, Walther (2021): Wirtschaftsordnung und Sozialverfassung als mitbestimmte Institutionen. Studien zum sozialen und industriellen Demokratie II, Wiesbaden

Nautz, Jürgen (1991): Die Wiederherstellung der Tarifautonomie in Westdeutschland nach dem Zweiten Weltkrieg. In: Archiv für Sozialgeschichte, Bd. 31: 179–196

Ritter, Gerhard A./Tenfelde, Klaus (1975): Der Durchbruch der freien Gewerkschaften Deutschlands zur Massenbewegung im letzten Viertel des 19. Jahrhunderts. In: Heinz Oskar Vetter (Hg.): Vom Sozialistengesetz zur Mitbestimmung. Köln: 61–120

Rosdücher, Jörg (1997): Arbeitsplatzsicherheit durch Tarifvertrag. Strategien – Konzepte – Vereinbarungen. München/Mering

Schönhoven, Klaus (1987): Die deutschen Gewerkschaften. Frankfurt/M.

Schulten, Thorsten (2001): Solidarische Lohnpolitik in Europa. Ansätze und Perspektiven einer Europäisierung gewerkschaftlicher Lohnpolitik. WSI-Diskussionspapier Nr. 92. Düsseldorf.

Seeliger, Martin (2017): Funktioniert die europäische Lohnkoordinierung? Befunde aus der deutschen Metall- und Elektroindustrie. In: WSI-Mitteilungen 70 (8): 566–576

Seifert, Hartmut (1999): Betriebliche Vereinbarungen zur Beschäftigungssicherung. In: WSI-Mitteilungen 52 (3): 156–164

Sinzheimer, Hugo (1916): Ein Arbeitstarifgesetz. Die Idee der sozialen Selbstbestimmung im Recht. München und Leipzig.

Sinzheimer, Hugo (1976): Arbeitsrecht und Rechtssoziologie. Gesammelte Aufsätze und Reden. 2 Bde. Frankfurt/M.

Statistisches Bundesamt (Destatis) (2021): Fachserie 14 Reihe 6. Personal des öffentlichen Dienstes 2020

Sydow, Jörg/Wirth, Carsten (1999): Von der Unternehmung zum Unternehmensnetzwerk – Interessenvertretungsfreie Zonen statt Mitbestimmung? In: Walther Müller-Jentsch (Hg.):

Konfliktpartnerschaft. Akteure und Institutionen der industriellen Beziehungen. 3. Aufl. München/Mering: 157–184

Ullmann, Hans-Peter (1977): Tarifverträge und Tarifpolitik in Deutschland bis 1914. Frankfurt/M.

Volkmann, Heinrich (1979): Organisation und Konflikt. Gewerkschaften, Arbeitgeberverbände und die Entwicklung des Arbeitskonflikts im späten Kaiserreich: In: Werner Conze/Ulrich Engelhardt (Hg.): Arbeiter im Industrialisierungsprozeß. Stuttgart

Weitbrecht, Hansjörg (1969): Effektivität und Legitimität der Tarifautonomie. Eine soziologische Untersuchung am Beispiel der deutschen Metallindustrie. Berlin

Werner, Karl-Gustav (1968): Organisation und Politik der Gewerkschaften und Arbeitgeberverbände in der deutschen Bauwirtschaft. Berlin

Wetzel, Detlef (2014): Die Arbeit der Zukunft gestalten. In: Detlef Wetzel/Jörg Hofmann/Hans-Jürgen Urban (Hg.): Industriearbeit und Arbeitspolitik. Kooperationsfelder von Wissenschaft und Gewerkschaften. Hamburg: 15–19

Willgerodt, Hans (2011): Soziale Marktwirtschaft – ein unbestimmter Begriff? In: Ders.: Werten und Wissen. Beiträge zur Politischen Ökonomie. Stuttgart: 111–129

Wissenschaftlicher Beirat beim Bundesministerium für Wirtschaft und Arbeit (2004): Tarifautonomie auf dem Prüfstand. Berlin

WSI (= Wirtschafts- und Sozialwissenschaftliches Institut) (2021): Statistisches Jahrbuch Tarifpolitik. Düsseldorf: Hans-Böckler-Stiftung

Zimmermann, Waldemar (1928): Tarifvertrag. In: Handwörterbuch der Staatswissenschaften. 4. Auflage. Bd. 8: 1–33

Printed in the United States
by Baker & Taylor Publisher Services